# 教師の職業ストレス

高木 亮 著 Ryo Takagi

Job Stress in Japanese School Teacher

ナカニシヤ出版

# はじめに

　毎年行われている文部科学省の『公立学校教職員の人事行政状況調査』の「教育職員に係る懲戒処分等の状況」によると精神疾患を原因とする教師の病気休職者[1]は1981年の約500人から2000年には1,500人超に増加し，2010年には5,407人となっている。"メンタルヘルス"が社会的関心事となり，精神疾患への社会的な偏見が薄まりつつあることを加味しても教師の精神的健康の悪化は顕著なものがあり，これは社会問題にもなっているといえよう。教師を雇う立場[2]である有権者＝国民からすればたとえ自分に学齢期の子供は居らずとも，納税者としてその血を吐くような思いで支払った税金の使い道として学校や教師が子供への教育を通して未来の日本をどのように形作っているかは重要な関心事であろう。また，全国で臨時任用や私立学校も含めれば優に100万人を超える大勢の教師からすれば，その人生の大部分を左右する職業生活の充実に関わるストレスの問題[3]はやはり重要な問題である。

　そのような問題意識をもとに本研究は教師のストレスを量的に把握し，そこから病的な状況の予防の在り方を探索する。まず，第1章では教師の多忙研究や教師文化研究，教師ストレス研究など様々な視点の研究成果を整理する。高旗・北神・平井（1992）が指摘するように，教師の職務[4]を構成する内容は極めて多様で，正確な実態把握自体が困難であり，2014年現在も充分な議論が尽くされているとはいいがたい。戦後様々な教師の職務の負担に関わる調査や議論が行われてきたが（青木，2007が詳しい），論じる対象とされているものが量的問題（例えば時間的な多忙の問題）や質的問題（例えば心理的な評価を交えた多忙感の問題）など様々で，先行研究や諸報告間の比較も困難である。これらをいかに量的に測定するかが，90年代から現在に至るまで教職研究全般の注目されている課題の一つである（青木・神林，2013a）。様々な角度から教師という職業と職務の実態を測る方法論が存在するが，同時期の諸研究とともに進展した本研究掲載諸調査は社会心理学もしくは職業心理学で論じられるストレス

理論に基づいて教師を測定・検討することを意図した。

なお，森本（1998）が指摘するようにストレスという表現は定義が必ずしも定まっていない。このあたりは佐藤・朝長（1991）が示すようにストレスが日本語であまりなじみのないストレッサー（原因）とストレス反応（結果）をあわせたプロセス（過程）を示す言葉であることなどを留意する必要がある。このあたりは詳しくは第1章で整理したい。このような過程を一度きりの横断的調査研究で説明変数と目的変数に分けた測定・検討を行う本書掲載諸調査研究の方法論の限界と不自然さを踏まえた上で本研究は検討を進めていきたい。

第2章では多様で個別の複雑な職務の内容から構成されているとされる教師の職務を整理し，ストレッサーと考えられる特性を抽出していくために2つの調査を行った。まず，1998年に中学校教師を対象に実施した「教師の職務意識（動機づけ）調査」である。これは教師の職務を動機づけの観点から明らかにした。次いで，その結果に基づいて職務ストレッサーの定義に当てはまるものをとりあげた教師の「職務ストレッサー調査」を1999年に中学校教師対象に実施した。これらの分析を通して職業ストレッサーにとって中核的な問題（Cooper, Cooper, & Eaker, 1988）であるとされる教師の職務ストレッサーと想定される職務内容の項目群を検討した。なお，第2章掲載調査では調査の測定内容がストレス反応との関連性を検討しておらず，厳密には「ストレッサー」とするために必要な基準関連妥当性の確認が行うことができていない。この課題は第3章で果たされている。

第3章では，第2章で整理した職務ストレッサーと考えられる項目群にCherniss（1980）のストレッサー・ストレス反応過程モデルを参考に教師の職業ストレッサーを包括的・体系的に把握する「教師の職業ストレッサー調査」を2001年に小・中学校教師対象に実施した。

ひきつづき第4章ではストレッサー・ストレス反応過程を積極的に介入するための視点を探索する。2003年の「教師のストレス抑制に関する調査」を報告する。ストレス抑制要因と期待できるキャリア適応力と介入余地があると考えられる職務の適正化で教師の健康確保の可能性がモデルで確認できた。今後これらが職業の充実に資する方法論につながって欲しいと願っている。

最後に第5章では，全体を通した各章の要約とともに本書掲載諸調査後の日

本の教師ストレス関連の諸調査研究の諸成果を紹介しつつ，教師ストレス改善のための提案と今後の課題をまとめた。

　なお，第2章前半調査にあたる研究の指導は筆者の卒業論文指導教官である東條光彦岡山大学教授（臨床心理学），第2章後半にあたる研究指導は筆者の修士論文指導教官である北神正行岡山大学（現，国士舘大学：教育経営学，教育行政学）教授，第1章，第3章および第4章にあたる研究指導は筆者の博士論文指導教官である田中宏二岡山大学（現，広島文化学園大学：社会心理学）教授に指導を頂いている。無能で怠惰な学生であった筆者（現在はこれに"間の抜けた"が加わる大学教員）は指導教官の先生方の卓越した指導を後追いしており，今になりその先見性と価値，己の幸せを痛感する。また，第3章以降は偉大なる先輩である露口健二愛媛大学教授の研究方法論に強い影響を受けている。先生方には心より感謝していることを記させていただきたい。同時に本書の至らなさはいずれも筆者の無能と怠惰によるものであることもご了解いただきたい。

　あわせて，本書の初校を紛失させるなど，間の抜けた筆者の大混乱の中で丁寧な編集でフォローしてくれたナカニシヤ出版山本あかね氏にも心よりお礼を申し上げたい。

## 注　釈

(1)分限処分は免職，休職，降格，降給の4つの人事命令である。法的には国家公務員法第74条から81条，さらに人事院規則の関連条項，最近の留意事項に関わる通達としては人事院事務総局人材局長発『分限処分にあたる留意について』（平成24年3月18日）などを根拠としている。公務員の身分が仕方がない事由により制限される場面が"分限"であるから（国家公務員法第75条（身分保障）），分限処分である病気休職が懲戒処分でないことを踏まえておきたい。また，教師における精神疾患による病気休職については「結核性疾患」等の長期療養を要する場合と同様に扱われ満2年間が年限である（教育公務員特例法第14条（休職の期間及び効果））。

　ところで，病気休職が発令される以前は労働者の権利として病気休暇が取得できる。2014年12月現在，病気休暇は国家公務員と多くの都道府県政令市で90日上限となっている。これらをあわせて考えれば，精神疾患も含めて教師の病気による療養の長期化は有給休暇次いで病気休暇，病気休職の順を追っていくことが想定される。

岡山県教育委員会において長く人事行政を担当した森上敏夫氏（現中国学園大学教授）によれば精神疾患の教師は①人事上の代替要員を要する病気休暇の長期化ではじめて行政が把握する，②行政が把握するほど長期化した病気休暇取得者は多くの比率で病気休職が発令せざるを得ない状況に至る，などを指摘している（高木・森上，2011）。

(2)このような雇用者側から見た能率・効率の向上と労働安全確保の議論は日本では労働科学研究の流れをくむ産業組織論の文脈で議論がなされている。このあたりの基本的理念を本書は外島裕・田中堅一郎編著の『産業・組織心理学エッセンシャルズ』（ナカニシヤ出版）を参考とした。

(3)労働者の視点に立った健康と能力開発，働くことの幸福追求などについては米英で盛んな教育カウンセリングから発展したキャリアカウンセリングの文脈で有益な議論がなされている。本書はD.E.スーパーの業績（特に全米キャリア発達学会編，『D・E・スーパーの生涯と理論』，仙崎武・下村英雄訳，図書文化）を参考とした。

(4)本研究掲載調査研究はCherniss（1980）やCooperら（1988）産業組織心理学研究の業績の延長である。そこで，その基準に基づいて職務（job）という単語を個々の業務（duty, operationなど）の集合または決められた仕事の範囲としての意味で用いている。そのため，教師という職業全体のストレッサーを包括的な体系を把握するため，職務と職場環境，個人的の3つの要因に分けた整理を試みている。

# 目　　次

はじめに　*i*

## 第1章　教師ストレス研究の動向 …………………………………………… *1*
　第1節　ストレスとは　*1*
　第2節　職業ストレスとは　*4*
　第3節　海外での教師ストレス研究に関する研究動向　*9*
　第4節　わが国の教師ストレス研究に関する研究動向　*13*
　第5節　総合考察　*20*

## 第2章　教師の職務に関する検討 ……………………………………………*25*
　第1節　わが国の教師のストレッサーと職務の実態　*25*
　第2節　教師の職務意識に関する調査研究　*31*
　　　　　―研究目的と研究方法―
　第3節　教師の職務意識に関する調査研究―結果と考察―　*36*
　第4節　教師の職務ストレッサーに関する調査研究　*42*
　　　　　―研究目的と研究方法―
　第5節　教師の職務ストレッサーに関する調査研究　*44*
　　　　　―結果と考察―
　第6節　総合考察　*50*

## 第3章　教師の職業ストレッサー・バーンアウト過程に関する検討 …*55*
　第1節　わが国の教師の職業ストレッサーを構成する諸要因　*55*
　第2節　ストレッサー・ストレス反応モデルの検討と調査方法　*60*
　第3節　教師の職業ストレッサー・バーンアウト過程の検討　*63*
　　　　　―基礎モデルの検討―

第4節　教師の職業ストレッサー・バーンアウト過程の検討　*68*
　　　　　―小学校・中学校のモデルの比較を中心に―
　　第5節　属性に基づいたストレッサー・バーンアウト
　　　　　各要因の比較　*70*
　　第6節　総合考察　*74*

## 第4章　教師のストレス抑制要因の検討　*81*
　　第1節　ストレス抑制要因に関する研究の概況　*81*
　　第2節　キャリア発達研究におけるストレス抑制要因　*84*
　　第3節　調査方法　*88*
　　第4節　教師の職務葛藤とキャリア適応力がストレス反応に
　　　　　与える影響の検討―基礎モデルの検討―　*92*
　　第5節　教師の職務葛藤とキャリア適応力がストレス反応に
　　　　　与える影響の検討―年代別のモデルの検討―　*100*
　　第6節　総合考察　*107*

## 第5章　教師ストレスへの課題　*111*
　　第1節　各章のまとめと課題　*111*
　　第2節　教師ストレス改善のために　*118*

あとがきに代えて　*131*
引用文献　*133*
付　記　*143*
附　録　*145*
索　引　*167*

# 第1章 教師ストレス研究の動向

◆第1節　ストレスとは◆

　"ストレス"という健康に関する医療的・心理学的専門用語が登場したのは，1936年セリエの動物実験による。ここで人間も含めた動物は有害と思われる刺激を受けると自律神経機能の変化により筋肉の緊張や胃などの一部の内臓が特殊な働きをするということが明らかにされた。このような刺激から個体の反応までの一連の過程がストレスと命名された。セリエはこの原因となる刺激を"ストレッサー"，結果としての身体の"ストレス反応"が生じるまでの過程を"ストレス"と名付けた (Selye, 1987)。その後の研究の蓄積は，様々なストレス反応としての悪影響が生じることを明らかにしていった。具体的には交感神経やホルモンの分泌の結果として生じる心臓・循環器系疾患，胃潰瘍，頭痛，皮膚の荒れ，アレルギーなど，個体にとっての影響を受けやすい体の部位の病気や不健康である（佐藤，1991）。

　人間にとってストレス反応には心理的な部分が複雑に加わり，ストレッサーに関するメカニズムに関する議論も複雑である。例えば，人生の中の出来事をストレッサーとして得点化する試みを行われている。そこでは生活の中で大きなストレッサー（"人生の出来事"="ライフイベント"）と生活の中でのさほど大きくないが少しずつ蓄積することで影響力を増すストレッサー（"生活苛立ちごと"=デイリーハッスルズ）を分けて数字にする試みも行われた(Holmes & Rahe, 1967)。このことは"人生の転機（ライフイベント）"が複数重なるだけでストレスが危険な量まで蓄積することが指摘されている（吉野，2013）。人間のストレッサーを認知する過程の複雑なプロセスを踏まえて，個々人のスト

レッサーの認知の大きさを個人の量的重みづけが異なることを意識してリッカート法などで測定する方法も現在は多く見られる。Lazarus & Folkman (1984) により確立され，ストレッサーの性質や種類により質問紙法などに基づいた様々な定量化尺度の整備がなされている（宗像，1991a）。また，ストレス反応についても様々な定量化尺度が1990年ごろまでに整備されている（新名，1991）。

　一方，セリエ以来適度なストレスは人間にとってむしろ好ましいものであるともされている。セリエ自身が指摘するようにストレッサーを全く感じない人間がいれば社会生活上の弊害が予想される（Selye, 1987）。なぜなら，ストレッサーやストレス過程を通して適切な学習の蓄積や発達，行動選択，動機づけがなされ結果として適度な健康が保たれるからである（宗像，1991b）。ストレスの問題を考えるときは，"適度な量を越える過剰なストレッサーになっているかどうか"が集団や組織の改善のポイントである。また，ストレッサーとストレス反応の調査研究を検討する上では両者の関連性がストレッサーを"感じすぎる"または"感じなさすぎる"ことが不健康につながるという非線型性を形成しうる可能性に留意する必要があるといえよう。あわせて，個人にとってのストレスの問題に目を向ければ当人がストレッサーを感じることに"将来，建設的な文脈を感じ得るか"（ディストレスのユーストレスの転換）や"過剰に悲観的な文脈をストレッサーにしていないか"（イラショナルビリーフ）などの留意点もある。このような認知を修正する取り組みとして認知カウンセリングがあり，医療や教育，キャリアなどの様々な側面でストレスの不健康を予防し，ストレッサーを建設的な方向に転換できる可能性がある（國分，1979；1981；1996）。いずれにせよ，ストレスに関する問題は個人と集団・組織などそれぞれに求められる改善と対策を同時に考える必要がある（矢冨，1997）。

　現在定着しているストレッサーの定義は"環境から要求を受け，それを個人がどのように感じるか"という一次ストレッサーと，その刺激に個人が"対処できるかどうかを考えながらその刺激に向かいどの程度ストレッサーを感じるかという二次ストレッサーの複合的な認知の作用で量が決定する（畠田，1997）。つまり，ストレスというのは自分が環境から求められた要求や課題にどのように対処するか，といった極めて個人的（心理的）な過程（プロセス）なのであ

る。

　では，以下に矢冨（1997）のストレッサー・ストレス反応過程の解説とともに，それぞれの用語と内容を整理しておく。

　①**コーピング認知処理**：ストレッサーとなる刺激を本人が理解しなおすことでストレッサーの認知を弱めるか逆に強めてしまうかの過程がこれにあたる。すなわち，"不快刺激をどう理解するか"という問題である。ここでは環境から自分が求められていることを"乗り越えることが可能かどうか"というコントロール可能性（自己統制感・自己効力感）も影響力があり，これをある程度心理的介入により改善できる余地が期待できる。ここに自信が有れば本人にとってストレッサーの値は大きく低下するが，自信がなければストレッサーの値はさらに増加するとされる（津田・原口，1991）。

　②**コーピング**：ストレッサーを感じてストレス反応への過程が成立し始めた場合，そのストレス過程に"どのように対応するか"という問題である。ストレッサーとなった問題に立ち向かう問題解決型コーピングと，ストレスとは関係のないことで"うさをはらす"という逃避型コーピングの2種類に大きく分けることができるとされる。これによってストレッサーやストレス反応が抑制可能であり，またストレッサーをストレス反応に結びつける影響過程を緩和することができるとされている。問題解決型コーピングの資源となるものは，当

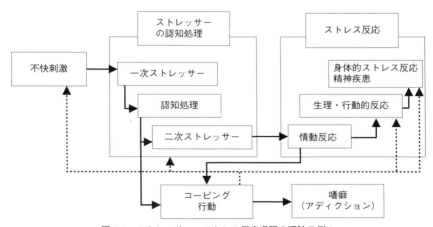

図1-1．ストレッサー・ストレス反応過程の理論モデル

人の問題解決に関係する能力，社会的（対人関係的）ネットワーク，経済力，社会的技術，身体的健康であり，情緒的には自己意識・人生観，宗教などである（坂田，1991）。

以上の内容とメカニズムを前頁の図1-1.にまとめる。

## ◆第2節　職業ストレスとは◆

職業ストレスとは職業人の様々なストレッサーを整理し，健康と仕事の効率の上昇をはかる研究全般を指す。そのため，職業ストレス研究は目的変数として職業人のいわゆる健康の基盤といえる心理的・身体的ストレス反応のみならず，仕事の質や能率の低下や欠勤，離職率の高さといった行動的ストレス反応も検討の対象とする。心理的・身体的ストレス反応については抑うつに関係する尺度や健康に関する尺度，生活満足感，特定の疾患の有無を測定するものが一般的である（例えば，田尾，1995；森本，1997；岩永，2003）。また，ストレッサーとしては個人の認知に関する要因を組織・環境要因（複数存在する原因のこと）など様々なものがとりあげている。ここではストレッサーとストレス反応さらに両者の関係を検討するストレッサー・ストレス反応過程の検討の3点から整理することとした。

### (1) 職業人のストレス反応の研究

教師をはじめとし医師，看護師，福祉士，警察官など公共性の高い対人専門職特有のストレス反応の概念としてバーンアウトがある（詳しくは，宗像・稲岡・高橋・川野，1988；田尾，1995；田尾・久保，1996）。バーンアウトは公共性の高い仕事を担うという自らの理想や努力が破れ，その結果の給与やキャリア発達などの望ましい見返りも公共性の高い職業の性格上望めず，結果として不満をためることで生じるストレス反応と定義される（Frednberger & Richelson, 1980）。バーンアウトのさらなる結果として離職や精神疾患に陥ることが明らかにされているため，精神疾患の前段階から心理的ストレス反応の漸進的な段階把握が可能である（田尾，1995）。精神疾患に関する研究は分析対象者の確保が困難であり，どうしても個別のケース報告や質的な検討が中心と

なりやすい。バーンアウトはそこに至るまでの深刻化の過程を測定するとともに，データ確保が容易な点が長所である（詳しくは田尾，1995；岩永，2003）。また，バーンアウトの深刻さの予防は精神疾患をはじめとした深刻な心身のストレス反応の予防につながるため，バーンアウトを規定する要因であるストレッサーや各種コーピングなどを参照し支援の在り方が量的調査研究で議論可能となる。その結果得られた知見からの対策の参考が考えられるだけでなく，縦断的な介入効果を実験的に検討することもできる（例えば，Pines & Aronson, 1988；Cherniss, 1995）。

### (2) 職業ストレッサーの研究

一方，職業ストレッサーはその範囲の広さゆえに各種のストレッサー領域に関する議論をおさえておきたい。まず，1990年代以降急激に生じた社会的・経済的・物理的変化による不適応を職業ストレッサーとして横山（1998）は8つの特性に分けて解説している。

**①雇用体制の大きな変化**：国内では産業構造の変化による終身雇用制の崩壊や，不況によるいわゆる「リストラ」や非正規雇用増大の問題による職業上の立場をめぐる不適応がある。

**②雇用身分移動・昇進制度の大きな変化**：国内では年功序列制度の崩壊や，「リストラ」による職場の中での個別職務の与えられ方の変化や与えられる権限と責任の不安定化による職業上の立場をめぐる不適応の問題がある。21世紀になり民間企業の労働市場で登場した労働者にとっての「ブラック企業」や「名ばかり管理職」の問題はこの問題によって理解することができる。

**③給与水準をめぐる問題**：国内では年功序列制度の崩壊や「デフレ不況」などからの従来のような安定的に上昇する給与やキャリア設計が望めなくなったことがこれにあたる。また，給与水準自体の横並びの平等または平等感が崩れたことで生じる職業での人間関係や勤務構造上の葛藤なども問題がある。

**④情報社会による仕事の方法論の変化**：いわゆるOA化やIT化により仕事の技術が流動化し，その利用をめぐる不適応の問題がある。また，このような情報の高度化は職務の効率化の要求を生み，労働集約的な冗長性を減らし，頭脳集約化された仕事の重さをもたらしているといえる。

⑤**職場での他の世代とのギャップ**：価値観の変化の激しい時代を背景に，自分よりも上の世代，下の世代との価値観や仕事の姿勢において相互にギャップがあり，その人間関係上の不適応にもつながる問題がある。

⑥**女性の社会進出による男女それぞれの変化**：女性が職業に就くことが「当然」となる時代となり，その社会進出によって男性および女性がそれぞれ以前の世代とキャリアのモデル（仕事に対する価値観や態度，処遇など）が変化している。この変化が，人間関係や勤務構造上の様々な不適応の問題を生じさせている。90年代後半以降これはワークライフバランスの問題として議論されている。

⑦**仕事の時間的・量的・質的過剰さ**：経済状況の困難さから行われたリストラやOA化，IT化による仕事の効率上昇で一人当たりの仕事量や質の高さ，労働時間の長さは拡大の傾向にある。このような変化が職務遂行上の不適応の問題につながるとされる。

⑧**技術革新による仕事内容や方法の変化**：技術革新により個別の職務自体がなくなったり，新しい職務が生じたり，それぞれの方法論の流行り廃りが激しくなっている。そういった変化の流れにあわせた技術面での不適応の問題がある。

次に，横山（1998）の6つの職業ストレッサーの条件を見てみよう。これらは一定の条件で顕在化するストレッサーの特性を説明しているといえる。

①**労働の物理的・時間的条件**：職場での労働時間，残業時間，持ち帰り仕事などの時間の問題。なお，日本では時間外労働時間を数えることで健康リスクの基準とされているが，これは睡眠時間に影響を与えるためであるといわれている（吉野，2013）。

②**職場との空間的条件**：通勤距離や，通勤時間，通勤の便・不便など。

③**会社での社会的条件**：会社での地位・立場や上司・同僚・部下との対人関係。

④**社会的移動条件**：転職や転勤，転勤の距離，単身赴任などの家族条件との葛藤の有無など。

⑤**仕事の満足度**：責任の範囲の明確さ，自らの適性に仕事があうかあわないか，将来への見通しなど。

⑥**仕事での道具などの条件**：職場での技術革新の自らとの適合度など。

対人専門職の職業ストレッサーとして Cooper, Cooper, & Eaker（1988）は6つの職業ストレッサーの領域をあげている。

**①職務自体のストレッサー**：与えられた時間や設備，条件などでは遂行困難な職務と，自らの職務とは理解しにくい職務の遂行をめぐる負担の問題など。

**②役割ストレッサー**：与えられる役割や仕事の範囲の曖昧さと，役割をめぐる他者や自分の意識などで価値観の違いから葛藤が生じる問題など。

**③仕事上の人間関係**：上司，同僚，部下さらにクライエントらとの人間関係の問題など。

**④キャリア発達を阻害する問題**：職業の安定性のなさ，地位と自らの適性の不一致，職業上の威信や報酬の少なさ，他の職業に応用可能な技術や能力向上の余地と転職機会の少なさなど。

**⑤組織の風土・構造上の問題**：職場での決定権への参加余地のなさや職業自律性の少なさ，適切な仕事の評価の欠如，職務遂行における職場からの援助の欠如など。

**⑥仕事と家庭の相互に干渉する問題**：仕事もしくは家庭において一方での労力が過多となることによりもう一方においても圧迫感や切迫感が生じることなど。

本書ではこれらを参考に教師の職業ストレッサーの体系的な測定を目指したい。

## (3) 職業ストレッサー・ストレス反応過程の研究

職業上の効率の向上などを目的変数とする産業組織心理学や職業心理学では個人と環境の不適合が適応困難をもたらし，これが最終的にストレス反応などの不健康や仕事の効率の低下にへつながるとする文脈でストレッサー・ストレス反応過程に注目がなされている（岩永，2003）。このような視点では教師の健康を通して結果的に教育活動と子供の未来の確保までを展望することとなる。産業組織心理学や職業心理学ではストレッサーを克服する適応過程にも注目するが，適応という言葉は主に職場の管理者が行う職業上の適性や能力評価と，人事上の役割配分や処遇，採用の判断などを通して，その成果の部分が強く注目されているため（外島，2000），ストレッサーの克服のための適応と同じ文脈で捉えてしまうことは危険かもしれない。本書はあくまで適応は個人の権利で

あり責任として捉えたい。

さらに，職業ストレッサーには様々な種類があり，それらの関係性を論じることでより効率的で現実的な対処の在り方を探る研究もある。例えば，多様なストレッサーやストレス反応抑制要因を体系的な一つのモデルにまとめ検討したものとして Cherniss（1980）がある。ここではストレッサーやストレス反応抑制要因を職場環境条件，個人的諸要因，および職務自体の諸要因の3つの要因に分け，バーンアウトなどのストレス反応に至るまでのストレッサー・ストレス反応過程モデルを明らかにした上で，操作可能な諸要因のストレス反応予防の効果を議論している。なお，Cooper ら（1988）同様，Cherniss（1980）も潜在的対人ストレッサーを潜在的対人サポート（ソーシャルサポート）源としており，両者の差はネガティブに評価されるかポジティブに評価されるかの逆転項目的な意味づけの違いであり，ストレス反応との関係は線型性をもつことを前提にしている。このため，多くの研究において対人ストレッサーとソーシャルサポートは同一のものに過ぎない。

また，ストレッサー・ストレス反応過程の影響のメカニズムについても複数の種類が存在している。ストレス反応に直接影響を与える直接効果（図1-2.），

図1-2. 組織に関するストレッサーからストレス反応への直接効果

図1-3. 他のストレッサーを介した組織に関するストレッサーからストレス反応への間接効果（他のストレッサーへの仲介効果）

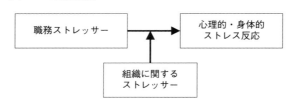

図1-4. 他のストレッサー・ストレス反応過程における組織に関するストレッサーの調整効果（促進効果または緩衝効果）

他のストレッサーを調整することを通して間接的にストレス反応に影響を与える間接効果（図1-3.），他のストレッサー・ストレス反応過程に対しその影響を交互作用的に規定する緩衝効果（図1-4.）などの3つの関係性の種類が存在するとされている（坂田，2003）。社会心理学におけるコーピングの中でソーシャルサポートなどはこれらの区別を重視しており（稲葉，1998），ストレッサーやストレス反応さらにその他の要因などから構成されるモデルの検討には様々な影響過程の仮説が組まれる余地があるといえる。

なお，直接効果と間接効果の区別にはステップワイズ法を用いた重回帰分析や共分散構造分析が用いられる。調整効果の検討には主に二限配置の分散分析による交互作用の検討や2つの独立変数の積を独立変数とした重回帰分析や共分散構造分析の適用例が見られる。

後述するが，90年代までの教師ストレス研究は，その多くが直接効果を通した検討しか行っていない。

## ◆第3節　海外での教師ストレス研究に関する研究動向◆

90年代の時点で米英の教師ストレス研究は先進的であったといえる。Travers & Cooper（1996）は米英ともに教師の職業的な問題や課題は古くから論じられてきたが，離職を最終的な目的変数として，その規定要因としてのバーンアウトや精神疾患を1980年代以降検討する研究が増えたことを報告している。

本節では教師のストレス反応に関する尺度や構造，他のストレス反応尺度などとの基準関連妥当性などを議論した研究をまず整理する。次いでその後にストレス反応を規定する諸要因に関する研究を整理する。前節に論じたように，例えばソーシャルサポートと対人関係のストレッサーなど類似した内容を研究ごとに異なる概念として論じるという混乱がある。そのため，ここではストレッサーとコーピングをあわせてストレス規定要因と包括する形で先行研究の整理を行った。

### (1) ストレス反応を中心とした研究

Kyriacou & Sutcliffe（1978）は教師のストレスの検討にバーンアウトと他の

ストレス反応，諸属性，日常の職業における問題を測定しそれぞれの関係性を検討している。その結果，バーンアウトは心理的・身体的ストレス反応と正の相関をもちストレス反応尺度としての妥当性をもつ一方で，職務の遂行不全や，士気の低下，職業における対人関係全般の悪化といった行動的ストレス反応とも正の関係をもつことから，対人専門職特有のストレス反応を測定する上での効率性に優れていると指摘する。また，バーンアウトの深刻さに比例して休職や離職に関する意識が増加することも明らかにしている。

Tuch（1980）は教師のバーンアウトに関する他の職業との比較と属性との関係を検討し，対処方法としてバーンアウトと相関的に悪化する職場での人間関係の改善の有効性を指摘している。また，Pettigrew & Wolf（1982）は教師の心理的・身体的・行動的ストレス反応に関する質問項目を独自に作成し，抑うつなどの他のストレス反応尺度との関係を検討している。その結果，教師のストレス反応の問題の中で特に行動的ストレス反応が大きく増加しやすく，教育効果の低下や事故・事件のリスクの問題を指摘している。

Farber（1984）はストレス反応に関する教師研究が都市部に偏っているとし，都市部とともに郊外や農村部といった地域性の比較を行っている。その結果，ストレス反応などの強度は都市部の方が高い一方で，ストレス反応・バーンアウトの相関やそれぞれの因子構造が地域に関係なく同一のものであることを明らかにしている。

Huberman（1993）は年代ごとにバーンアウトの高さを比較し，全体的に若手世代のバーンアウトが高いこととストレス反応についてはその種別によって世代差があることを明らかにしている。それに加え，バーンアウトの原因に関する各年代のインタビューをもとにしながら，課題や対策を考察している。その中では若手世代のバーンアウトは学生のころ高められた理想と未成熟な能力が教職生活で現実との間にギャップを生み苦しめられるリアリティショックを特徴にしていると論じている。

## （2）ストレス反応規定要因を検討した研究
### 職場環境の諸要因をとりあげる研究

Blases（1982）は教師のバーンアウトの過程を検討しライフイベントのよう

な強力なストレッサーよりも，デイリーハッスルズ的な徐々に蓄積するストレッサーがバーンアウトの原因となるケースが多いことを指摘している。つまり，教師のバーンアウトは慢性的なストレスの蓄積と，それによる漸進的な教育力の低下の問題であるとしている。

学校組織の構造をストレス規定要因としたものとして Schwab & Iwanicki（1982）がある。ここでは既存の職務の定義の曖昧さと職場での他者や組織との役割観の相互の葛藤を測定する尺度を教師向けに改良し職務の定義や範囲の曖昧さ，職務葛藤からなる役割ストレッサーとバーンアウトとの関係を検討している。この結果，役割ストレッサーがバーンアウトに最初に生じる心理的・情緒的問題の原因となることを明らかにしている。また，職務をめぐる公平性や意見の集約，見解や方針の一致をはかることでのバーンアウトの予防が可能になると指摘している。Bacharach（1986）はこのような役割ストレッサーの詳細化を模索し，上意下達の官僚的な職務遂行を要求をする組織や，コミュニケーションの不足，評価や人事の不明確といった組織特性が役割ストレッサーをもたらし，ストレス反応につながっていることをインタビューなどから明らかにしている。

また，Dworkin（1987）はストレス反応の中で早い段階から現れる無気力などの問題の規定要因の探索を量的に検討している。その結果，役割ストレッサーや職場での上司や同僚の職務遂行におけるサポートの欠如が大きな原因であることを明らかにしている。Varrus（1987）はこういった役割ストレッサーや同僚のサポートのなさ，職務遂行に望ましくない組織風土の関連要因を検討し，職場でのコミュニケーションのなさと，職場の風土の中での規範性の脆弱さがこれらの規定要因と有意な関係にあることを明らかにしている。これらは職場環境をめぐる諸要因がポジティブであればストレス抑制効果をもち，ネガティブであればストレッサーになると論じている。

**個人内変数や属性に注目する研究**

Pamela（1986）はバーンアウトの原因として様々なものをとりあげる探索的で量的な検討を行っている。その結果，上司のリーダーシップや組織風土の評価，本人のタイプA行動パターンなどの特性が影響力の高いことを示している。

Dworkin ら（1990）はストレス反応を規定する要因として質的な分析を行い，

ストレス反応の高い教師の特徴として上司や同僚の職務遂行上のサポートの評価，職務の求められる水準の高さ，個人特性などをあげている。これらは属性による得点比較の手法をとっているものの，職場環境がストレッサーもしくはストレス反応抑制効果を内在することを示唆している。

ストレス反応規定要因として環境よりも個人内変数に注目したものもある。Anderson & Iwanicki（1984）はバーンアウトと様々な個人特性の関係を探索的に検討し，自尊心や自らの能力に対する高い評価，自立性の高い性格特性がバーンアウトの低い性格特性であることを明らかにしている。また，Kremer & Hofman（1985）は教師としてのアイデンティティや職業上の能力面でのレディネスの高さがバーンアウトと負の相関をもつことと，若手世代のバーンアウトの高さを量的に明らかにし，能力面での経験不足がバーンアウトの大きな問題であるとしている。Fimian & Blanton（1987）は若手世代の教師のバーンアウトの高さに注目し，若手世代に焦点を当ててバーンアウトとともに経験や問題対処方法，ストレス対処方法，仕事の理想と現実の解離などをたずねている。量的な検討の結果，これらの不足がバーンアウトと関係があることを明らかにしている。加えて，ここでは仕事に対するイメージと現実の職業生活全般の葛藤がもっともバーンアウトの深刻な若手世代の問題であることも示し，いわゆる教師のリアリティショックは社会全般の教師の職業的イメージが現実と大きな差があることによると指摘している。一方で，Russell ら（1987）は若手世代においてバーンアウトもストレッサーの各因子も，全般的に他の世代よりも高い傾向があることに注目し，バーンアウトが実際に高いというよりは，実際よりも回答傾向において高い回答をしがちな傾向をもっている可能性を指摘している。

同様の個人内変数に注目した先行研究として女性のバーンアウトやストレス反応が全般的に高いことの原因探索の研究がある。Lachman & Diamant（1987）は女性にとってストレッサーおよびバーンアウトが高いことを量的に明らかにしつつ，バーンアウトの高さと離職傾向の関係が男性には見られるが，女性には見られないことを明らかにしている。これは女性がストレスに関する得点を一般的に高く評価することとともに，仕事の生活におけるウェイトが女性は相対的に低く，割り切って職業に従事することができる実態の表れであると推測している。

**様々なストレス反応規定要因の影響力比較を意図した研究**

　以上のように，焦点の絞られたストレス規定要因の検討や，探索的検討の一方で，職業心理学的視点から職業の個人をめぐる刺激全般をもとにストレス規定要因を体系的に整理しストレス反応との関係を検討する研究も存在する。Burke & Greenglass（1989）は前節でとりあげたCherniss（1980）のストレッサー・ストレス反応因果モデルをもとに，ストレス規定要因を体系的に整理し，パス解析によるモデルの検討を行っている。その結果，おおむね測定した教師のストレス規定要因からチャーニスの因果モデルが成立していることを明らかにしている。

　また，Travers & Cooper（1996）は前節にあげたCooperら（1988）の職業ストレッサーの体系に基づいた教師ストレッサーに関する質問項目を綿密な質的調査をもとに作成し，これらとストレス反応の関係とともに，年代，性別，地域差の比較を行っている。特にストレッサーに関する質問項目の測定においていくつか対策につながるようなものを仮説に準備している。例えば，有効な対策として時間的な切迫感の認知がストレス反応の初歩の傾向であることが示され，認知行動主義的なタイプA行動パターンの治療プログラムや時間管理プログラム（職務の優先順位や仕事の時間の明確化など）の有効性を指摘している。また，職場でのサポート体制やコミュニケーションを増やすこと自体が，ストレッサーに対する耐久力を確保することにつながるとして，職場における時間的・空間的工夫を具体的に指摘している。

　教師に対して有効なストレスの対処を探索した研究は多くはない。Travers & Cooper（1996）が有益な対処行動の提案を意識して詳細な質問項目の測定を行っている。他に，Pines & Maslach（1980）が本格的なアクションリサーチ的な介入研究を行っており，様々な介入の中で特定の児童生徒の担当や役割分担，時間的勤務などを以前よりも明確にすることでバーンアウト得点が低下したことを明らかにしている。

## ◆第4節　わが国の教師ストレス研究に関する研究動向◆

　次いで，わが国の教師ストレスに関する先行研究をまとめていこう。わが国

の教師ストレス研究は石堂（1973）という例外的な先進性をもった研究を除き，1980年以降に少しずつ増加し，伊藤（2000）を機に急増したといえる。石堂（1973）以前は教師の仕事の負担の大きさに注目がなされ，多忙に関する調査研究が多くなされてきた（例えば，日本教職員組合1954；1976）。また，調査ではなくインタビューや座談会，取材記事的な議論は多数存在する（例えば，国分，1956；永井，1957；鎌田，1962；秋山，1965；伊上，1965；望月・矢倉，1979；中野，1986）。しかしながら，多忙研究の多くが勤務時間などの客観的変数と教師の主観的多忙感を明確に区別していなかったことや，極めて細かく多様な職務からなる教師の日常の実態をあまり詳しく検討しなかったことで研究間の比較も難しい（高旗・北神・平井，1992）。さらに教師の多忙が研究の目的（目的変数）なのか研究目的を規定する要因（説明変数）なのか位置づけが研究ごとに異なっており，議論自体が混乱している研究も少なくはない。また，90年代以前の多忙研究の中で教師のストレス反応や健康を目的変数としたものは石堂（1973）を除きほとんど見られないため，ストレス研究の視点をもつ本章では詳しくはとりあげない。本章では教師のストレスに関するもの，もしくは同様の要因や理論体系に基づいて行われた質的もしくは量的研究をとりあげることとした。

## (1) ストレス反応を中心とした検討

もともと，教師の多忙や組織構造の上意下達性などが原因となり教師のモラール（士気）や健康に影響をおよぼした結果として教育力の低下を論じる研究や同様の文脈を論じる組合等の議論は戦後早くから行われてきた。例えば，「伊藤・宗像論争」と呼ばれる学校経営における単層構造と重層構造の見解をめぐる議論は教師の多忙であり「周辺的業務」をどのように理解するかが発端の一つであった（詳しくは，木岡，2000）。

このような中で，教師を対象にストレス理論に基づいた量的で体系的な検証を行ったもっとも古い研究の一つが石堂（1973）である。ここでは教師の勤務時間，上司のリーダーシップ，モラールとともに，教師の精神的，身体的，神経感覚的自覚症状と尿検査などを「疲労指数」としてストレス反応と同様の量的データを測定した。その上で，個々人のストレス反応をめぐる変数間の関係

性や諸属性間の比較，勤務前と勤務後などの時間的比較を行っている。そして，ここで測定された勤務実態をめぐる測定内容は当時日本においてはほとんど存在しなかったストレス関連尺度を測定したものと見ることができる。この結果として，モラールの低い教師は勤務前から精神的自覚症状が高く，勤務後は身体的，神経感覚的自覚症状が高まり「疲労指数」が上がりやすいこと，モラールの高い教師はこれらの上昇が緩やかであることを明らかにしている。さらに，モラールの高さや上司のリーダーシップの高い評価などが小学校教師には疲労を抑制する一方で，中学校教師はそのような影響が見られなかったことも指摘している。

　石堂（1973）以降はほぼ同様の健康やモラールの測定を同時に行うことができるバーンアウト尺度の普及によりわが国の教師ストレス研究にも量的分析方法によるストレス研究がなされ始めた。宗像・稲岡・高橋・川野（1988）は専門職のストレス反応を測定するにあたりバーンアウト尺度の有用性を検討する研究を医師，看護師，および教師を対象に行っている。バーンアウト尺度の日本語版開発と他のストレス反応尺度との関係性の検討，専門職のストレス反応の測定と職種による比較，尺度としての基準関連妥当性を検討している。その結果，教師にとってバーンアウト尺度の使用は有効であり，他の職種に比べてもっともストレス反応およびバーンアウトが高いことが明らかにされた。

　教師にとってのバーンアウト尺度を用いた検討は大阪教育文化センター（1996）および岡東・鈴木（1997）が初期の研究としてあげられる。これらは他のストレス反応尺度やストレス反応規定要因との関係を検証しており，日本の教師にとってバーンアウトは尺度としての信頼性や妥当性が90年代前半には確立されたといえよう。岡東・鈴木（1997）は教師のバーンアウトとモラールの関係を検討しており，もともとモラールの高い教師が一定水準のバーンアウトに達しやすく，さらに高いバーンアウトの水準を超えた場合モラールが低下することなど，モラールとバーンアウトの複雑な関係を明らかにしている[1]。大阪教育文化センター（1996）はバーンアウトや他のストレス反応，日常の学校での出来事を量的に検討し，膨大な自由記述を詳細に検証するなどして教師のバーンアウトの問題を論じている点は示唆に富んでいるといえよう。

　伊藤（2000）は田尾・久保（1996）の看護師のバーンアウト尺度の結果と，

自らの測定した教師のバーンアウト尺度の結果を比較している。その結果，看護師と比べた場合，心理情緒的な因子は高く，モラールの低下に関する因子のみ低いことが明らかにされている。21世紀になって，教師の精神疾患による病気休職が社会問題としても注目され始めたことと，伊藤（2000）および後述する故中島一憲氏（当時の三楽病院精神神経科部長）の諸研究が先導する形で，教師ストレス研究は調査研究の数でも発表数でも爆発的に急増することとなる[2]。

以上をまとめると，米英やわが国の他の対人専門職の間で信頼性や妥当性が充分検討されたバーンアウト尺度はわが国の教師においても信頼性や他のストレス反応尺度などとの比較による妥当性，さらに比較の対象となるような研究知見の積み重ねが90年代までに充分なされてきたといえよう。また筆者が把握する限り，2010年現在で論文を数えるだけで300部を超える教師のストレスに関連する研究が発表され，研究としては極めて恵まれた領域となった。

### (2) ストレス反応規定要因を中心とした検討

石堂（1973）は上司のリーダーシップや職場環境の上意下達性の強さなどといった職場環境のストレッサーにあたる内容がモラールや疲労などのストレス反応同様の諸変数に影響を与えることを明らかにしている。また，ここではリーダーシップや職場環境の評価がまずモラールに影響を与え，その後疲労などに影響を与えるとするため，モラールをストレッサー・ストレス反応過程の媒介要因として扱っている。

宗像ら（1988）は中学校教師における無力体験や仕事上の不快な人間関係，情緒的支援の有無，神経質行動特性などとバーンアウトの関係をパス解析をもとに検討を行っている。その結果，仕事上の人間関係と神経質な行動特性は日常苛立ちごとの増大を通して間接的にバーンアウトを規定し，その他の要因は直接バーンアウトを規定していることを明らかにしている。なお，この行動特性はいわゆるタイプA型行動パターンと類似した性格・行動形態であるといえる。また，特に，バーンアウトの高い教師の諸条件を検討しており，その内容としては進路指導主事，特殊学級等の担任，教職経験2年未満の教師，女性教師，2人以上の乳幼児のいる教師，家事・育児を抱える教師をあげている。こ

の研究は同様のモデルで医師と看護師のメカニズムを検討しており，調査の比較を含めた結論として教師が専門的でない職務を多様に担わせている社会的な問題を指摘している。

　秦（1991）は質的方法から教師の職業ストレッサーの体系と種類に関する議論を行い，教師の職業ストレッサーを，①いじめや不登校といった教育問題，②家庭や地域の教育力の低下による教育活動の肩代わりの負担，③学校という同僚との関係が密接な場所で存在する人間関係の難しさ，④教育の努力と効果の評価の難しさ，どこまで仕事を遂行していいのかわからない曖昧さ，の4点をあげている。90年代後半より増加を始め，21世紀を境に急増した教師ストレス研究は多くがこの秦のストレッサーに関する体系的な整理を参照・引用して，仮説と質問紙作成の参考としている。

　また，鈴木（1993）も質的な方法で教師のストレス反応抑制要因の分類を試みている。その結果，①価値観や心情をゆるがせる職場での出来事，②対人関係の中で特に教職観の違いからくる同僚との摩擦，③多忙化や職務に対する主観的な問題，④子どもへの教育活動の際に無力感を感じるような出来事，⑤ストレスにおけるコーピングや家庭の問題などの職業ストレスに介在する要因，の5つにまとめている。

　長谷川（1994）は教師の職務構造と多忙感，職務意識，職場の雰囲気，同僚との人間関係などとバーンアウトの関係を検討している。その結果，多忙感と職場の雰囲気のネガティブな評価はバーンアウトと強い相関をもつことを明らかにしている。また，バーンアウトの高さは同僚との関係において個人的なコミュニケーションが増える一方で，仕事上の情報交換や会議などの仕事に関わりの深いコミュニケーションが減少する傾向があることを明らかにしている。

　大阪教育文化センター（1996）は勤務実態，同僚との関係，職場に対する意識，児童・生徒の対処さらに問題行動などの実態とそれらの負担感をたずね，属性やバーンアウトとの関係性を検討している。その結果，属性では負担感やバーンアウトの得点が女性で有意に高く，年代差はあまり見られないことを明らかにしている。また，職場の援助のなさや，同僚・上司・保護者との関係の悪さとともに，近年の児童生徒とふれる職務以外の会議や学校外の活動が増え，そこからくる児童生徒に対する教育活動の「やり残し感」がバーンアウトの原

因となっていることを明らかにしている。

　岡東・鈴木（1997）は中学校教師のバーンアウトと他のストレス反応尺度，諸属性，職場構造，同僚との関係，コーピング行動，モラールなどの実態と関連性を検討している。その結果，バーンアウト尺度と他のストレス反応尺度との関連性を議論し尺度としての妥当性を示しつつ，同僚との関係，およびコーピング行動はバーンアウトやストレス反応を抑制することを明らかにしている。また，石堂（1973）がモラールをストレッサー・ストレス反応における仲介変数とするのに対して，ここでは他のストレス反応規定要因を調整要因としてストレス反応やバーンアウトを規定していることを明らかにしている。さらに，モラールの高い教師はむしろバーンアウトの高さを示しやすいことも明らかにしている。すでに示したが，岡東・鈴木（1997）は，Schwab & Iwanicki（1982）の尺度を邦訳し役割ストレッサーがバーンアウトを規定していることを確認していることも大きな成果といえよう。

　松浦（1998）は大阪教育文化センター（1996）の追加の検討を行い，バーンアウトの増加の背景として近年「増えた仕事」と「減った仕事」を整理し，これらの関係を比較している。調査の行われた90年代はじめごろのいじめや不登校といった学校の「荒れ」などの生徒指導的問題とともに，会議や仕事に関する調整が増加した一方で，そのことにより児童生徒と過ごす時間が減ったことを質的・量的双方から明らかにしている。この児童生徒との関わり以外の職務が「周辺的な職務」と感じやすいことを明らかにしている。このような職務上のストレッサーの増加が，児童生徒との関わりをめぐる職務上のストレッサーを増大させる問題をとりあげ，「やりがいのない多忙化」と呼んでいる。

　伊藤（2000）は教師のバーンアウトを規定する要因として自らの教師としての能力の評価や理想の教師像，同僚との対人関係，仕事上の悩み，性格特性，諸属性などバーンアウトを規定する様々な要因の影響力を探索的に検討している。その結果，性格特性の中で優しさや，指導的性格，さらに人間関係の良好さをもつことがバーンアウトを抑制し，仕事上の悩みはバーンアウトを規定するためストレッサーであることを確認している。また，教師の性格特性は授業や学級経営と児童生徒との個別の関係を重視するタイプに分かれるとされ，前者は授業学級経営の悩みが，後者は同僚との人間関係がバーンアウトを規定す

ることを明らかにしている。

西坂（2002）は幼稚園教諭の職務のストレッサーの尺度化を試みるとともに，自己効力感およびハーディネスのバーンアウトに与える影響をパス解析を通して検討している。その結果，職務ストレッサーにおいて園児と関わる内容のものはバーンアウトを規定していないため厳密にはストレッサーといいにくいことや，同僚との人間関係や仕事の負担の大きさにはハーディネスがストレスを抑制していることを明らかにしている[3]。

田村・石隈（2001）は中学校教師の「指導・援助サービス」の悩みとして生徒に接する職務のストレッサーの尺度化とソーシャルサポート，ソーシャルサポート希求の志向性を測定しバーンアウトとの関係を性別ごとに比較している。その結果，男性教師は女性教師より一般的にサポートの希求性が低く，サポートを受けた際はバーンアウトが女性よりもより強く抑制する効果があることを明らかにしている。また，サポートの希求性が高いにもかかわらずサポートがない状況がバーンアウトに結びつくことと，従来の援助的な組織体制作りを課題とするだけでなくサポートの希求性を高めるような個人への介入の在り方を模索する必要性を指摘している。

性別と年代という属性ごとのストレス反応の強度についての比較は様々な研究が90年代までに行われている。性別については多くの研究が女性のストレッサーおよびストレス反応の高さを指摘している（石堂，1973；宗像ら，1988；金子・針田，1993；大阪教育文化センター，1996；岡東・鈴木，1997）。また，伊藤（2000）や田村・石隈（2001）のように，近年のバーンアウト研究では有意な性差が示されなかったと報告するものもある。女性のストレスを高く評価しやすい傾向は海外の教師ストレス研究でも認められ（例えば，Travers & Cooper, 1996），一般的なストレス研究でもおおむね同様の傾向が存在するとされている（森本，1988）。この傾向については女性が家事や育児といった家庭での労働量が存在することから，その流出により職業ストレッサーやストレス反応の負荷を高めるとする推測が多くの研究でなされているが，今のところこの点について私生活のストレッサーとストレス反応を検証した上での議論はあまりない。また，あくまで経験的な論述であるが，ホワイトカラーの女性労働者は同等の男性と比べ，身だしなみに時間を取られ，これが睡眠や休息を減らす

源になっているという指摘も散見される。

　その中で，宗像ら（1988）は女性と2人以上の乳幼児をもつ教師がバーンアウトやストレス反応の高さと有意な関係があることを明らかにしている。また，大阪教育文化センター（1996）は40代の女性教師と子供をもつ女性教師などが時間的切迫感やバーンアウトが高いことを明らかにしており，一方で，育児の経験がコミュニケーション面を中心に仕事の質を高めることも現職教師のコメントとして付け加えている。ところで，1980年代以前から教職員組合などの問題意識として女性教師の職業上また職業と干渉が起こりやすい育児・家事とのかかわりをめぐる困難や課題意識は指摘されている（このあたりは河上，2006が詳しい）。近年ではワークライフバランスをめぐる議論の中で女性教師の課題の議論が増えつつある状況であるが，現時点で充分な実証的なデータを用いた見解は管見の限り見当たらない状況である。

　年代についても同様に，多くの研究が教職について1〜2年の教師や20代の教師がストレスを高く評価しがちなことを明らかにしている（石堂，1973；宗像ら，1988；岡東・鈴木，1997）。これらの指摘の多くが，現実と理想のギャップに直面するいわゆるリアリティショックと，職業上の技量・能力の不充分さ，発展途上性を指摘している。一方で，近年の研究を中心にかならずしもバーンアウトやストレス反応は若手世代が高いといえるのではなく，ストレッサーやバーンアウト，ストレス反応の種類によってはベテラン世代の方が負荷が高いとする研究も報告されてきている（大阪教育文化センター，1996；伊藤，2000；田村・石隈，2003）。この中で，大阪教育文化センター（1996）は90年代前半以前との差として新採用の教師の減少した80年代末から各学校における教師の年代構成が歪になった問題と経験で対応できない事態が増加したことを加味して論じる必要性を指摘している。

## ◆第5節　総合考察◆

　以上に教師ストレスに関する先行研究を整理してきた。上記に見てきたような研究の成果は整理した通りであるが，これらがもつ課題をとりあげ，本書の次章以降で検討する課題とつなげて考察したい。

第 5 節　総合考察

## (1) 教師の日常の職務の詳細な把握の必要性

　職務（job）とは職業を構成する個々の仕事内容である業務（duty など）の集合を指す。教諭においては「業務」という表現が違和感をもって感じられやすいため，本書では「個々の職務」や「職務自体の内容」などという表現を用いた。職務ストレッサーについては，すでに見たように職務内容をめぐるもの以外に，役割葛藤をめぐるものや対人関係，組織の構造をめぐるものなど様々なものが存在する。Cooper ら（1988）によれば職業ストレッサーの中で大きなウェイトをしめるとされる職務の問題である。しかし，教師研究でその職務の具体的内容が体系的で詳細な議論が充分に積み重ねられているわけでない（高旗・北神・平井，1993）。

　上記に見たように，90年代までの状況では伊藤（2000）を除き教師の職務のストレッサーの問題はいわゆる「悩み」に焦点を絞るか，具体的な教師の職務にふれない一般的なストレッサー尺度を用いるかが中心であったといえる。そのため，前者つまり特定の課題意識をストレッサーとして注目する研究は体系的な全体の把握の点で限界がある。また，後者つまり広く多様な職業で用いられる包括的なストレッサーの測定手法を用いる研究は改善を志向する際に現実的な議論を行う上で限界があったように思われる。そこで，本書は次章以降で教師の日常を担う職務を現職教師とともに列挙し，それらの中でストレッサーと認知されかねないものを抽出した上で「教師の職務意識に関する調査」を行い，それをもとに「教師の職務ストレッサー調査」を実施することで職務ストレッサーの測定を行うことから調査研究を始めることとした。

## (2) ストレス反応規定要因の測定方法の体系化の必要性

　Lazarus & Folkman（1984）の定義に従えば，個人が脅威と認知すれば環境のほとんどの要素がストレッサーとなる。そのため，上記に見てきたようにそれぞれの研究者の視点からストレッサーの定義や項目化，ストレス反応の規定の仕方など様々なストレッサーが示されている。加えて，ストレッサーと同時にコーピング要因も同様に説明変数に設定する研究が多く，例えば橋本（2005）が指摘するように対人関係のストレッサーとコーピングのソーシャルサポートの区別は測定やその内容において非常に微妙な課題も有している。その一方で，

多くの研究が人間関係の良好性や援助の有無をとりあげポジティブな影響力を重視してソーシャルサポートと表現したり，ネガティブな影響を重視して対人ストレッサーと表現したりと厳密な意味では変数の取り扱いが混乱している場合も多い。そこで，本書はストレッサーとコーピングを厳密に分けて第3章で職業ストレッサーとしての影響力に注目した検討を行う。

　加えて，ストレッサーの測定方法も研究者それぞれが測定項目づくりを独自に行っている。これは伊藤（2000）の指摘するように90年代までの教師ストレス研究がストレス反応の原因の部分の詳細な把握を現在進行形で進めていた段階にあったことが背景として存在する。そのため，特定の項目が先行研究によって類似した概念が重なるなど，研究によってふれた要因とふれていない要因が存在するなど先行研究を概観すると教師のストレッサーの問題が把握しにくい。そのため，2000年当時において先行研究の尺度をいくつか組みあわせるだけで，教師の職業ストレッサーの全体像を包括しきれるわけではない。そもそも，どのようなストレッサーの種類があり，それぞれがどの程度ストレス反応を規定しているのか体系的に比較しえないという限界があるのである。そこで，本書は教師のストレッサーについて職業心理学や海外の教師ストレス研究の中から体系的な理論を参考にしつつ教師の職業ストレッサーの様々な分野を測定し，モデルを通して各種ストレッサーの影響力や相互の関係性を詳細に把握することを目指すこととする。このあたりの課題は主に第3章で他のストレッサーを付け加えて測定・検討を行う。

### (3) 個人特性と環境特性を区別する必要性

　職業心理学において職業ストレスの予防や職業上の効率の拡大は個人に対する介入と，職場環境に対する介入の双方を行うことから確保されるといえる（例えば，金井，2000）。田上・山本・田中（2003）は教師のメンタルヘルスに関わる研究をレビューし，教師のメンタルヘルスの確保の課題として教師個人のコーピングスキルの向上と同時に学校におけるストレスマネージメント体制づくりを課題としている。ここで示される課題は曖昧な質問から構成される操作改善余地の不確かな職場環境要因や教師の個人的要因を，できるだけ具体的で操作余地の大きい質問項目として捉えなおすことで具体的なストレス対策の提

示を行うことにある。そのため，本書は可能な範囲で，教師ストレス改善のために参考となるような量的で具体的な内容の検討を行うことに留意する。特に個人特性と環境特性双方の中で現実的に介入や改善が可能なストレッサーとストレス抑制要因の探索に注力する。

## (4) 要因間の関係性の検討方法の拡充

すでに8ページでふれたように，ストレス反応を規定するストレッサーやコーピングなどの要因間の関連性については，因果関係を規定する上での直接効果（図1-2.）と間接効果（図1-3.），さらに説明変数と目的変数の流れを交互作用的に抑制または促進する調整効果（図1-4.）がある。ストレス理論においてこのようなメカニズムを峻別する検討は重要な関心事である。また，ソーシャルサポートや対人ストレッサーなどもともと社会心理学などで緩衝効果としてストレス過程に関わり，その上で直接効果，間接効果の区別が議論されている理論に対して，本章でとりあげた90年代までの教師ストレス研究のほとんど全てがストレス反応規定要因を探る探索的検討が中心であるため，直接効果のみの検討しかなされていない。そこで，本書の中でストレッサー・ストレス反応過程を検討する際は先行研究の理論的体系を参考にしながら直接効果，間接効果，調整効果を峻別するようなモデルを作成し，ストレス過程のメカニズムを検証することとした。

## (5) 性別・年代など属性の差を規定する要因の検討

第4節で示したように，ストレッサーとストレス反応の性別の比較を行った先行研究は女性の高いストレス評価の傾向を示すものと，有意な差を報告しないものとに分かれる。性差の比較に加え，性差の原因となるストレッサーの性格的違いやストレッサーの存在については宗像ら（1988）と大阪教育文化センター（1996）が一人暮らしの教師や既婚女性教師，子供のいる教師など属性間比較でストレッサーやバーンアウトが高いことを認め，それらのストレッサーないしストレッサーを調整する効果の大きさを指摘しているものの，これらをストレッサーとして測定しているわけではない点を踏まえておきたい。

また，これらのワークライフバランスやキャリア全体を見すえた数量的検討

は本書も含めて2015年現在に至るもまだ不十分である。年代についても，若手世代のストレス反応の高さが強調される研究がある一方で，各世代それぞれが様々な課題やストレッサーを抱えている実態を示唆する研究も増えつつある。そこで，職業ストレッサーを検討する第3章では性別において，第4章では年代において変化する個人内変数をとりあげ，それぞれにおいて性別や年代といった属性が職業ストレスに与える質的な違いを把握しうるようなモデルの比較検証を試みることとする。

## 注　釈

(1)岡東壽隆氏と鈴木邦治氏の『教師の勤務構造とメンタルヘルス』（多賀出版）は教諭や養護教諭の職務や動機づけ，多忙，ストレスを質・量的様々に検討しており教師ストレス研究の要となる書籍である。直接この著作を引用する研究は多くはないがSchwab & Iwanicki（1982）の役割ストレッサー尺度の邦訳は多くの研究がこの尺度の全部または一部を用いており，この著作の影響力は極めて大きいといえる。充実したレビューは本書も大いに参考としており，この参考なしに本章は成立しない。

(2)故中島一憲氏は90年代末より2007年の死去までの期間に臨床医としての実践とともに猛烈な質と量の研究報告している。教職員互助会が経営する三楽病院精神神経科部長という立場で国内最大の教師の精神疾患に関する治療統計の実態を通した諸報告（例えば，中島，1998；2002；2005；2006；2007など）は代替が不能な貴重な成果といえる。故中島氏の存在なくして教師ストレス研究や教育行政上の対策のこれほどまでの充実はありえなかったといえる。

(3)西坂小百合氏は平成17年3月に日本初の「教師のストレス」を題する博士論文で学位を得ている。幼稚園教諭および保育士をあわせた保育者という職域に関するストレスおよびそれらの改善，キャリアの充実を一貫して論じており，当該職域において他の追随を許さない体系的な研究業績をほぼ一人で作り上げている（主要なものでも西坂，2002；2003；2006；2008；2010；西坂・岩立，2004；西坂・森下，2009）。氏の発表や質議を交わした際に，女性保育者の職業継続性への強い思いに感銘を覚えたことも報告しておきたい。

# 第2章 教師の職務に関する検討

## ◆第1節 わが国の教師のストレッサーと職務の実態◆

　第1章で見たように，わが国の教師ストレス研究の課題は教師の日常従事するストレッサーが先行研究ごとに独自の視点でまとめられているが，全体として各種の職業ストレッサーのストレス反応への影響力の違いを体系的に把握しきれない。さらに，教師の職業ストレッサーの主要な領域といえる職務のストレッサーに限って見てみても先行研究によって「悩み」（例えば，伊藤，2000），「負担」や「役割ストレス（ストレッサー）」（岡東・鈴木，1997），「教育ストレス（ストレッサー）」（秦，1991）などと研究者それぞれの定義が異なることからもわかるように，具体的な職務のどのようなものがストレッサーとなっているのか明確ではない。

　本章ではこのような問題に対し，教師の職業ストレッサーを体系的に把握する前段階の検討として，職務をストレッサーとして体系だてて把握することを目的として量的な分析と検討を行う。第1節では職業ストレス研究における職務ストレッサーの定義をもとに本書のストレッサーの定義を設定し，それに基づいて教師の日常担う職務の問題点を整理することとする。次いで第2節以降で調査研究を実施し教師の職務のストレッサーとしての実態を探っていく。

### (1) 研究上の職務ストレッサーの定義

　第1章で見たように，90年代の時点で教師のストレス反応を規定する要因は様々な研究が質的・量的に検討を行ってきた。ただ，それらは研究者個々の定義が異なっており，職業ストレッサーや属性，ストレス抑制要因など，研究に

より定義が異なる議論が積み重ねられている。本書ではこれらを特定の理論に基づいて区別を行った上で，教師の職業ストレッサーの全体像を整理し，次いでストレスの抑制方法の検討を行うこととした。また，属性に関する分析はストレッサーやコーピング，ストレス反応などの諸要因を比較するための材料とし，補足的・推測的な議論を加えた。以上の全体の流れの中で本章は教師の職業ストレッサーの中で中核的な問題とされる職務のストレッサー（金井，2000）を教師の日常担う職務の中から測定することを目的とする。

職業ストレス研究では一般的に職務の遂行における負担を職務ストレッサーとして測定し，その職務遂行のストレッサーがストレス反応に与える影響の強さや影響過程を議論している。これらを職業ストレッサーの中で特に区別している理由は職務ストレッサーが職業上のサービスと直接関わる要因であり，雇用者と労働者それぞれの立場から改善の余地が期待できるからである（Cooper, Cooper, & Eaker, 1988；金井，2000）。

職業ストレッサーには他に同僚や上司との関係とともに職場の風土，雇用体制さらに私生活の問題との関係なども存在する（Cooperら，1988）。Cherniss（1980）は職業ストレッサーを労働条件要因，職務のストレッサー，個人的諸要因に分ける視点を提示しており本書ではこれを参考とし，それぞれの下位尺度としてCooperら（1988）のストレッサーの体系的な性格区分を参考にすることで教師の職業ストレッサーの体系的な整理をはかることとした。全体の職業ストレッサーの体系的測定とそのストレス反応への影響の検討は第3章にゆずり，本章は教師の職務のストレッサーとしての実態の検討に注力する。

職務ストレッサーの定義は職務における自らの能力に対する自信の喪失や，クライエントに関わる上での諸問題，仕事を行う上での快適な刺激や満足感のなさなどをとりあげている。また，Cooperら（1988）は役割ストレッサーの中で動機づけが曖昧なまま担う職務の負担と職務自体の遂行困難をとりあげている。本書は次章以降で職務ストレッサーを量的に測定する際に質問内容とストレス反応に関する質問内容が内容的に類似してしまう状況を避ける必要があるためストレス反応の質問項目と内容的な類似性が起こりにくいと考えられるCooperら（1988）の視点を参考とする。

Cooperら（1988）の定義する職務ストレッサーを整理するために必要な視点

は，動機づけの低い職務を整理しその上での当該職務の負担の大きさを整理することと，動機づけが高い職務を整理した上でその遂行困難なものを整理することである。そこで，本章では第2節と第3節で教師の職務の動機づけの高いものと低いものを量的に整理するとともに，その結果を受けて第4節と第5節においてそれぞれの項目を遂行困難および負担の高さの観点から測定し議論を行うこととした。それらの数的検討を行う前に，わが国の教師が現実に担っている職務の内容を先行研究の整理と現職教師を対象とした聞き取り調査から項目の構成や内容自体の在り方を探ることとした。

## (2) 教師の職務に関する先行研究に基づいた内容の整理

すでに見てきたように90年代末の時点で教師の勤務時間や多忙感，教師という職業に対する様々な意識などを検討した研究は多いものの，教師の多様な職務の内実を詳細に整理した研究はあまりない。この原因の一つに教師の主観と客観的な職務の実態を区別して議論する根拠となる理論や研究上の意識が乏しかったことがあげられる（高旗・北神・平井，1992）。教師の動機づけの高い職務の把握も難しく一般的に教師の主要な職務は授業や学級経営におかれていると理解できるが，教育困難を日常的に抱える多くの中学校や一部の小学校では安全管理や生徒指導，危機管理的な側面により優先順位がおかれる場合も多い。その中で，本書はすでに示したように教師の職務ストレッサーを整理する観点から教師の動機づけの低い職務，高い職務に注目してこれらの問題を具体的に整理することとした。

教師にとって職務の問題として戦後一貫して論じられてきたのは，いわゆる「多忙」感を与える職務の質的・量的問題である。油布（1998）は新聞記事などの分析を通して昭和40年代までの教師は学校や職務という枠組み観があまりなく，地域社会全体の児童生徒に関わる教育活動全般に関わりをもつことを当然とする認識をもっていたと論じている。それを変質させ始めたのは学校外からの侵入者による事件と，学校外に出て行う教育活動中の事故などによる訴訟が頻発したことで，訴訟や判例を通した「法的責任」の明示が職務に関する領域や範囲を生み，主に時間的・空間的に学校内に職務を収束させようとする発想につながったとしている。同時期に議論された教師の専門職論争も教師の

担う役割の範囲を学校内の職務に定義する動きをもっており，この時期に教師の職務の範囲が定義され始めたこととなる。一方で，昭和40年代以降，新たに求められる教師の役割が学校外部から生じ始め，同時に教育困難による教師の負担増の問題が顕在化している。

北神・高木（2007）はこれらの内容を判例の数的増加や内容の変化を追って見ている。この結論として学校内での事件・事故において被害者救済の観点から学校の責任が厳しく判決に反映され，それらが結果として学校の教育活動の明確化と明文化をともなった児童生徒の管理内容の明文化の増大につながったことを整理している。これは80年代の生徒指導問題の成立と増加を経て，授業や生活指導などの社会的要請の複雑化や教師から見た実施困難化が進むことで職務ストレッサーが増加する状況につながる。加えて，職務が次々と明確化・明文化することで多忙と多忙感が複雑化し職務のストレッサーも複雑化と増大化してきたと想定できる。

では，教師にとって動機づけが高く遂行困難となっている職務にはどのようなものがあり，動機づけが低い職務で負担の大きい職務にはどのようなものがあるのだろうか。本節では先行研究のレビューと1998年に実施した教師の職務意識に関する聞き取り調査等を通して整理する。

### (3) 職務に関する動機づけの先行研究における議論

教師の間で"教職として必要と感じる"，"必要性を感じない"という職務意識については，動機づけの高さと低さという視点で測定できることになる。そこで調査自体に入る前に動機づけの概念について整理していこう。動機づけとは，個体を行動させ，行動に方向を与え，行動を目的に向けて維持・変化・推進させるプロセスであり，要素であるとされている。動機づけをおこす個体内部の状況は欲求と動因，動機と表現される（岡，1987）。欲求と動因は生理的，生得的な原因から発生するもので一次的欲求とまとめられる。動機は個体を社会的，組織的な内容について選択肢を方向づける性格のものであり二次的欲求といわれる。そのため，動機は人間の個々人の固有性が大きく存在し大きく認識が異なる概念であるといえる。

また，職務の動機づけと関連が高い心理的・個人的要因としてモラールがあ

る（安藤，2000）。特に，教師を研究対象とする際のモラールの定義は，「ある学校の教師が，その学校の教師であることに満足と誇りをもって結束し，教育目標という共通の目的を達成すべく，よりよい教育実践を目指して積極的に努力しようとする感情ないし態度」（二関・日比・河野，1960，p.35）と定義した先行研究も存在する。つまり，動機づけが個人内変数として扱われ，モラールは組織と個人の相互作用的な変数であるといえる。そのため，動機づけとモラールは行動の要因と行動の際の感情ないし態度という違いを有する。

　"高い動機づけをもって行動に従事することが健康に良好な影響を与えること" はいわゆる動機づけ衛生理論として生理学的研究を中心に検討がなされている。この点で鈴木（1993）は教師の職業モラールの高さは結果的に自らの多忙とストレッサーの増大を生じることから不健康になりやすく，学校現場では高いモラールをもつ教師はほとんどがある程度のバーンアウトと身体的不健康を抱えることを明らかにしている。

　一方で，安藤（2000）は従来の研究により "高い成果が高いモラールまたは動機づけを生み出す" ことは明らかにされているものの，その結果を拡大解釈し，"高いモラールまたは動機づけが高い成果を生む" とする因果関係の逆転や，同時に健康も付随的に保障されるという，実証されていない議論が見られると批判している。さらに，具体的には，"動機づけが高い職務に従事し行動を達成することが健康にいい影響を与える" と "高い成果や結果を出すことが，モラールを向上させる" とする統制された環境下での実験結果を，複雑な要因の共存する現象場面において，それぞれの因果関係と概念の違いを無視し，相互の関係が循環関係であるかのように定義している状況を批判している。安藤の主旨は理論の参照を学校経営に延用する上で，複雑な日常の学校現場をふりかえることなく改善のモデルとされることの危険性を指摘しているといえよう。

　本章で行う「中学校教師の職務意識調査」は，以上に示したような混乱を避けるため教師の職業上のモラールや職場環境に関する質問項目は導入せず職務ストレッサーの測定を目的とした個別職務の動機づけを測定する調査をまず進めることとした。次いで高い動機づけをもつ職務の遂行困難と動機づけの低い職務に従事する負担の高さがストレッサーになるとするCooperら（1988）の指摘に従って動機づけの一般的に高い職務と低い職務をまとめ，前者の遂行困

難と後者の負担を測定することで職務ストレッサーに関する質問項目群を作成する。

　教師の職務を動機づけの側面から検討した議論はあまり多くない。稲垣・久冨（1994）は教師の多忙の問題について教師が多忙であること自体に価値をおく独特の職業文化をもっているとし，教師にとっての多忙の問題は当然生じる問題であるとしている。また，油布（1995）は教師の多忙はアイデンティティであり勤務の負荷をある程度限定するための自己防衛的な職業文化であるとしている。さらに，高旗・北神・平井（1992）は授業以外に授業の準備や教室などの環境整備など気を配れば配るほど校内で職務に従事する時間やもち帰り仕事が増加するという，1つの職務の遂行が他の職務の動機づけにつながるとする示唆を示している。ただ，ここでの諸研究は職務の特定のものそれぞれの動機づけを量的に把握しているわけではない点を踏まえる必要があろう。

　一方，大阪教育文化センター（1996）は教師の多忙化の問題をバーンアウトとのかかわりの中で整理し，教師の間で90年代前後の不満や問題としてとりあげられているのは職場での会議や打ち合わせ，校内の環境整備に関わる作業，学校内外での研究，入試の手続き等に関わる職務などの職務があがることを明らかにしている。大阪教育文化センター（1996）は聞き取り調査や量的調査を通して，これら新たに増加したと感じられる多忙化の内容が直接バーンアウトの原因となっているというよりは，バーンアウトの原因である児童生徒と直接接する職務の遂行困難を促進していることを示唆しつつ議論を行っている。つまり，そこでの指摘は児童生徒と直接ふれない職務の遂行が児童生徒と直接ふれる職務の遂行困難をもたらしているとする多忙感増加のメカニズムである。これは教師にとってより優先度の高い職務といえる児童生徒と直接関わるものであり，そうでない職務は相対的に優先度や動機づけが低いとする視点に立っているといえよう。

　さらに，松浦（1998）は同様のメカニズムとして教職にとって中核的でない「周辺的」な職務の負担が近年急増しており，その多忙化によって「中核的」な職務が遂行困難になっている「やりがいのない多忙化」状況を90年代になって現れた特徴的な多忙やストレスの問題であるとしている。この視点からは職務ストレッサーが別の職務ストレッサーを増加させる文脈を見ることができる。

この点は藤田ら（1996）の調査にも基づいた教師文化の議論においても見られ，教師はより児童生徒とふれる「パーソナルな関係性」が強い職務に動機づけをおく傾向があり，職務はある程度の動機づけの強度の違いや優先順位が存在するという前提で議論がなされている。

以上のように教師の職務についての動機づけは児童生徒とのかかわりに関する職務とそれらから離れる職務の間に段階的な動機づけの順位づけがなされ，それらが教師の職務のストレッサーと密接に関わっていると理解できる。

### (4) 教師の職務に関する聞き取り調査に基づいた内容の整理

まず，本章が主題とする「中学校教師の職務意識調査」は具体的に日常行っている職務について「どのような個別業務（本調査以降「職務」という表現に変更・統一している）に本来の教師の業務かどうか疑問を感じながら大きな負担感を抱いているか」と「どのような個別業務に必要性を痛感しつつも実施の困難性を感じているか」の自由記述を求めそれをもとに意見の聞き取りをそれぞれの教師に対して行った。ここでの前者の回答結果が動機づけの低い職務，後者の回答結果が動機づけの高い職務の基本的なものであると把握できる。その結果を基に中学校教師を対象とした「職務意識調査」の本調査項目を作成する。

聞き取り調査は1998年5月にO県中学校教師20名を対象とした。こういった予備調査の結果を現職中学校教師3名とともに概念ごとに分類を行い本調査の項目を整理した。それにより，動機づけの低い職務を測定する（1）動機づけの低い職務の質問項目群（42項目），動機づけの高い職務を測る（2）動機づけの高い職務の質問項目群（28項目）を構成した。具体的な質問項目の内容は次節の表2-1.，2-2.に示す。

## 第2節　教師の職務意識に関する調査研究
### ―研究目的と研究方法―

先の自由記述内容を整理した上で，教師にとって動機づけの高いと考えられる職務と低いと考えられる職務を質問項目群としてまとめ，中学校教師の職務に対する動機づけを職務に関する質問ごとに回答してもらう「中学校教師の職

務意識調査」を行った。分析の方針は以下の通りである。
1. 動機づけの高い職務と動機づけの低い職務を因子分析により構造化する。
2. 2つの職務群の各因子間でどのような関係性が存在するのかを検討する。
3. 性別と年代といった属性に基づいて2つの職務群の得点比較を行い，教師個々人にとっての職務意識の認識の違いを把握する。

## (1) 質問紙の構成

「職務意識調査」質問紙の内容としては，動機づけの低い職務に関する質問項目群（42項目），動機づけの高い職務に関する質問項目群（28項目）に加え，自由記述で感想を求める自由記述欄を質問項目群の後にそれぞれ設けた。また，勤務校・性別・年代・主な校務分掌をたずねた。

①**調査対象と調査手続き**：O県の中から市街地を中心に中学校12校を選定し，その学校に勤務する中学校教師550名を対象に郵送法で回答を依頼した。なお，管理職，養護教諭，非常勤講師はそれぞれ従事する職務が微妙に異なることから，調査の対象としない旨を郵送時に説明している。

②**調査時期**：配布は1998年7月～9月に行われ11月末を回収の期限とした。有効回答数は252部，回収率45.6%であった。

## (2) 2つの項目群の動機づけ強度の概要

現職教師に対する聞き取り調査を行うことで動機づけの低いまたは動機づけの高い職務と考えられる職務を具体的にとりまとめ質問項目群として整理した。しかしながら，聞き取り調査の段階で各教師から職務についての動機づけの強度は個々人により大きく異なり，特に動機づけの低い職務としてあげられたものについては一部の教師にとっては動機づけが高い場合も少なくないなど回答にバラつきが予想されることなどが指摘された。そこで，職務意識調査のデータの処理として平均点と分散を考慮し一定の基準を設け，ある程度その職務の動機づけが低いまたは高いと判断された項目について分析を行うこととした。

調査では動機づけの低さを測定する質問項目群として，聞き取り調査をもとにした42の職務項目それぞれについて「1．明らかに教師の職務範囲ではない」～「4．基本的に教師の職務だと思っている」，の4件法で回答を求めた。

第 2 節　教師の職務意識に関する調査研究

表 2-1．動機づけの曖昧な職務に関する動機づけ強度

| 質問項目内容 | 平均値 | SD 値 |
|---|---|---|
| 32）直接学校と関係のない事での地域への義理立て（ボランティアなどでの休日の市内の清掃等） | 1.87 | 1.10 |
| 37）親ができないような躾に学校が対応すること | 1.99 | 0.88 |
| 28）本来は家庭で行うべき生徒の私生活の指導 | 2.01 | 0.92 |
| 40）あまり必要性を感じない研修への参加 | 2.05 | 1.05 |
| 30）教委・PTA から来る現場とかけ離れた要請への対応 | 2.07 | 1.04 |
| 14）土曜市・お祭り等の際に行う地域巡回 | 2.08 | 0.93 |
| 38）学校が忙しい時に参加させられる研修 | 2.30 | 1.07 |
| 29）苦情だけ学校に言ってくる地域への対応 | 2.34 | 0.95 |
| 13）土日などの勤務時間外の部活指導 | 2.36 | 1.06 |
| 41）教科外・専門外の指導や対応を行うこと | 2.50 | 1.15 |
| 7）予算配分・予算出納帳記入など書類作成・事務作業 | 2.52 | 1.17 |
| 2）教師が親へ要請する校外の生活指導 | 2.53 | 1.03 |
| 39）行政研修への参加 | 2.59 | 1.01 |
| 4）地域で生徒が起こしたトラブル（万引き・恐喝）への対応 | 2.64 | 1.03 |
| 6）長期休日の生活指導 | 2.65 | 1.03 |
| 16）専門外の部活動担当 | 2.65 | 0.99 |
| 15）宿泊を伴う部活遠征などの引率 | 2.78 | 1.05 |
| 31）登校地域での交通指導 | 2.79 | 0.93 |
| 12）部活動の顧問になるなどの職務負担 | 2.94 | 0.96 |
| 22）集団場面で勝手な主張をする親への対応 | 3.12 | 0.94 |
| 8）本人の意思の不明確な進路指導 | 3.18 | 1.03 |
| 25）不登校生徒の家庭訪問（親の理解がない場合） | 3.19 | 0.86 |
| 5）勤務時間外の地区懇談会や PTA への参加 | 3.20 | 0.69 |
| 36）勤務時間外に生徒会・委員会の運営や監督を行うこと | 3.21 | 0.84 |
| 20）遅刻防止や無断外出防止に校門で指導を行うこと | 3.22 | 0.90 |
| 10）授業妨害をする生徒への学力保障 | 3.37 | 0.87 |
| 3）定期試験・模擬試験対策に特別に補習などを行うこと | 3.38 | 0.80 |
| 26）自分の言動には責任を持たせるといった社会的責任の指導 | 3.38 | 0.63 |
| 1）夜自宅にかかる保護者からの電話への対応 | 3.42 | 0.71 |
| 9）学力不対応の進路指導 | 3.43 | 0.79 |
| 19）学習意欲のない生徒への補習・再試験 | 3.55 | 0.67 |
| 11）授業を開始する際，生徒を教室に入れるための巡回 | 3.56 | 0.67 |
| 33）通常の年度始めの家庭訪問 | 3.57 | 0.62 |
| 42）ノートを取る・忘れ物をしないなど中学以前の学習態度の保障 | 3.59 | 0.60 |
| 21）不登校等への進路・学習保障の努力 | 3.59 | 0.67 |
| 24）不登校生徒の家庭訪問（親の理解や要請をうけた） | 3.62 | 0.74 |
| 27）中学以前の学力保障 | 3.66 | 0.72 |
| 23）集団の中での社会性の保障 | 3.75 | 0.45 |
| 34）問題行動があった等の臨時の家庭訪問 | 3.75 | 0.49 |
| 35）生徒会や委員会を担当すること | 3.79 | 0.45 |
| 18）修学旅行上など宿泊を伴う校外行事の雑務（持ち物検査・巡回など） | 3.81 | 0.72 |
| 17）修学旅行等の宿泊を伴う校外行事引率 | 3.81 | 0.47 |

その結果について，動機づけの低さ（得点が低いほど動機づけが低くなる）を表示したものが表 2-1. である。なお，ここでは選択肢 5 として「自分の身近ではそのような職務はないのでわからない」という項目を設けているが，これは点数ではなく欠損値として扱っている。

この結果から，項目の順序から判断し動機づけが比較的低い職務としては，地域・教育委員会といった学校外への対応や家庭が中心となるはずの躾といった生徒指導，勤務時間外の部活動，必要性を感じない研修への参加などがあげられる。つまり，教師からすれば家庭や地域，行政などが積極的に担うべきであると感じる職務が動機づけの低い位置にある。また，中間的な順位に存在する職務として部活動の顧問，行政研修，勤務時間外職務，進路指導などの摩擦をともなった親との接触などがあげられる。これらは $SD$ 値を見てもわかるように教師個々人にとって職務意識が異なる職務であるといえよう。一方，学習指導や生徒指導に関係した職務については基本的に動機づけの低さが否定されており教師の職務として認識されていることがわかる。

平均値の内容が以上のような概要を示す一方で，回答のばらつきを示す $SD$ 値を見てわかるように，はっきりと「不必要」性認識が否定されてしまう下位数項目以外，比較的得点の回答のばらつきが高いことが分かる。このことは，職務の動機づけが低くなるに従い，その職務の評価が教師個々人によって異なるとともに，明確な動機づけの低さは提示されにくいという，教師自身も職務の評価に曖昧さをもっていると理解できよう。その結果，一部の教師にとって動機づけの低さの認識は打ち消され，平均化したところ得点の値は微妙な評価になったといえよう。

次に「必要」性認識の各項目について概観する。予備調査から整理された 28 項目の質問について「1．教師の職務としては必要性を感じない」〜「4．教師の職務としてとても必要性を感じている」といった 4 件法で回答を求めた。それについて動機づけが高い職務（平均値が高いほど動機づけが高く評価される）から順に並べた結果が表 2-2. である。

最も動機づけが高い部類の職務として学習指導・生徒指導両面での生徒との日常の接触があげられる。それに次ぐ職務として，ある機会を期に行うような非日常的な生徒との接触や教師同士との調整の問題等があげられる。全体の中

で少数の項目だけにとどまったが，親や地域といった教師が普段接触する機会の少ない対象と関連した職務が動機づけの比較的低いものとしてあげられる。ここでは，先の動機づけの低い職務の質問項目群において動機づけの低さを否定する項目が多かった状況とは異なり，動機づけの高さを否定する項目は少なく，ばらつきである SD 値も相対的に高くはない。つまり，動機づけが高い職務が明確なことが教師の平均化された全体の意識からよみとれる。これは，自らの職務をなかなか「不必要」と割り切れない「教師文化」（稲垣・久冨, 1994）とかかわりがあるのかもしれない。

表 2-2. 動機づけの高い職務の動機づけ強度

| 質問項目内容 | 平均値 | SD 値 |
|---|---|---|
| 20) 目立たない・問題を起こさない生徒とのコミュニケーション | 3.77 | 0.51 |
| 17) 日常での生徒個人個人とのコミュニケーション | 3.68 | 0.65 |
| 1) 進路や学習に関する面談 | 3.67 | 0.61 |
| 14) 生徒会運営などを通して生徒が主体的に学校に関わっていく雰囲気作り | 3.60 | 0.59 |
| 18) 定期的に機会を設けて生徒とコミュニケーションを図ること | 3.56 | 0.69 |
| 13) 生徒の進路を保障すること | 3.54 | 0.62 |
| 19) 自らのコミュニケーション能力や技術を育成すること | 3.54 | 0.70 |
| 2) 生徒への学習以外の悩みなどの面談 | 3.53 | 0.67 |
| 24) 生徒が無気力にならないよう積極性を育てる機会を作ること | 3.53 | 0.67 |
| 5) 様々な学習水準の生徒にあった授業の工夫 | 3.47 | 1.53 |
| 21) 連絡帳やゲームなどを通した間接的なコミュニケーション | 3.38 | 0.75 |
| 12) 人の気持ちや痛みがわかるように心の力を育成すること | 3.36 | 0.74 |
| 15) 修学旅行・宿泊研修・遠足等校外活動の企画実施 | 3.28 | 0.81 |
| 23) 様々な学習水準に対応しうる研修参加や能力の向上 | 3.28 | 0.81 |
| 16) 集団の中で適切に自分を主張できる力の育成 | 3.25 | 0.76 |
| 25) 一人一人が到達している学習内容のチェック | 3.24 | 0.77 |
| 7) 教科指導上の教師間情報交換 | 3.20 | 0.92 |
| 22) 教師の間接的なコミュニケーション能力の向上・研修参加 | 3.04 | 0.85 |
| 26) 生徒を支えるための保護者との話し合い・連携の強化 | 2.90 | 0.86 |
| 9) 地域との密接な連絡 | 2.89 | 0.91 |
| 10) 地域との密接な連携 | 2.89 | 0.89 |
| 27) 過保護にならないなど適切な家庭の教育力向上の支援・雰囲気作り | 2.89 | 0.82 |
| 4) 学力水準にあわせた補習・学習プログラム | 2.84 | 0.90 |
| 6) 生徒の最低限度のマナーや社会性の保障 | 2.82 | 0.91 |
| 28) 地域の教育力向上や意識作り | 2.76 | 0.87 |
| 8) 時間毎の指導案作り | 2.49 | 0.94 |
| 11) 部活等を通しての地域との関わり | 2.38 | 0.97 |
| 3) ボランティア等地域に参加する意識作り | 2.32 | 0.93 |

## ◆第3節　教師の職務意識に関する調査研究─結果と考察─◆

### (1) 動機づけの高い職務および，動機づけの曖昧な（低い）職務の因子構造

　すでに見てきたように動機づけの平均化された全体の傾向で判断した場合，特に動機づけの低い職務は教師個々人にとっての評価が分かれやすく動機づけの低さがあまり示されなかった。そのため，動機づけが一般的に低いとまではいえない職務が多いため「動機づけが低い」職務項目群との表現が適当ではないと判断し，今後は「動機づけの曖昧な」職務項目群と呼ぶこととする。

　先に示したように，まず動機づけの曖昧な職務項目群については少なくとも動機づけが一般的に高くないことと，動機づけの高い職務項目群については少なくとも動機づけが低くないことが条件となる。そのため，一定の基準を設けそれを超える項目を分析の対象とすることとした。動機づけの曖昧な職務項目群については基本的に正規分布している全回答得点について，回答得点の中央値（3.31点）を基準に動機づけのある程度の低さが肯定された17項目をとりあげ因子分析（主因子法，バリマックス回転）を行うこととした。項目はいずれかの因子に因子負荷量0.4以上の値をもつことを条件とした上で分析を行った。なお，明確な構造を明らかにするために，複数の因子に因子負荷量0.4以上の値をもつ場合は，その項目を削除して再度因子分析を行った。結果として23項目で5因子解が適当とされた。その結果を示したものが表2-3.である。なお，α信頼係数を算出したところいずれも因子も一応の内的整合性が認められた。

　因子Ⅰは「4）地域で生徒が起こしたトラブル（万引きや恐喝）への対応」，「30）教委・PTAからくる現場とかけ離れた要請への対応」，「37）親ができないような躾に学校が対応すること」といった6項目から構成されていた。こういった項目は学校外での問題への対応に関する職務領域であると理解できる。よって〈学校外への対応〉と命名された。

　因子Ⅱは「12）部活動の顧問になるなどの職務負担」，「13）土日などの勤務時間外の部活指導」，「16）専門外の部活動の担当」といった4項目から構成されている。これらは部活動に関する項目であるため〈部活動〉と命名された。

　因子Ⅲは「38）学校が忙しいときに参加させられる研修」，「39）行政研修へ

第 3 節　教師の職務意識に関する調査研究　37

の参加」,「40) あまり必要性を感じない研修への参加」の 3 項目から構成されている。そのため,〈研修〉と命名された。

　因子Ⅳは「2) 教師が親へ要請する校外の生活指導」,「5) 勤務時間外の地区懇談会や PTA への参加」,「14) 土曜日・お祭りの際行う地域巡回」といった 4 項目から構成されている。これらは学校外で行われる生徒指導に関する項目であると理解できる。よって〈学校外生徒指導〉と命名された。

　因子Ⅴは「20) 遅刻防止や無断外出防止に校門で指導を行うこと」,「22) 集団場面で勝手な主張をする保護者への対応」,「25) 親との関係の調整がうまく行ってない上での不登校生徒の家庭訪問」の 3 項目で構成されている。これらは,保護者との困難な関係が中心となる因子と理解された。そのため,〈保護者

表 2-3. 動機づけの曖昧な職務の因子構造

| | | | | | | 共通性 |
|---|---|---|---|---|---|---|
| 因子Ⅰ＜学校外への対応＞ | | | | | | |
| 37) 親ができないような躾に学校が対応すること | 0.69 | 0.15 | 0.24 | 0.15 | 0.14 | 0.60 |
| 28) 本来は家庭で行うべき生徒の私生活の指導 | 0.63 | 0.18 | 0.14 | 0.27 | 0.16 | 0.54 |
| 29) 苦情だけ学校に言ってくる地域への対応 | 0.60 | 0.06 | 0.10 | 0.21 | 0.37 | 0.56 |
| 30) 教委・PTA から来る現場とかけ離れた要請への対応 | 0.59 | 0.14 | 0.24 | 0.16 | 0.22 | 0.50 |
| 32) 直接学校と関係のない事での地域への義理立て | 0.46 | 0.24 | 0.27 | 0.13 | 0.11 | 0.37 |
| 4) 地域で生徒が起こしたトラブル(万引き・恐喝)への対応 | 0.49 | 0.23 | 0.07 | 0.43 | 0.08 | 0.49 |
| 因子Ⅱ＜部活動＞ | | | | | | |
| 16) 専門外の部活動担当 | 0.13 | 0.76 | 0.12 | 0.08 | 0.29 | 0.68 |
| 12) 部活動の顧問になるなどの職務負担 | 0.14 | 0.75 | 0.12 | 0.19 | 0.10 | 0.65 |
| 13) 土日などの勤務時間外の部活指導 | 0.27 | 0.70 | 0.11 | 0.21 | 0.01 | 0.63 |
| 15) 宿泊を伴う部活遠征などの引率 | 0.07 | 0.61 | 0.14 | 0.18 | 0.16 | 0.46 |
| 因子Ⅲ＜研修＞ | | | | | | |
| 40) あまり必要性を感じない研修への参加 | 0.22 | 0.15 | 0.78 | 0.01 | 0.01 | 0.68 |
| 39) 行政研修への参加 | 0.01 | 0.01 | 0.75 | 0.01 | 0.10 | 0.64 |
| 38) 学校が忙しい時に参加させられる研修 | 0.19 | 0.11 | 0.63 | 0.17 | 0.01 | 0.46 |
| 因子Ⅳ＜学校外生徒指導＞ | | | | | | |
| 6) 長期休日の生活指導 | 0.30 | 0.16 | 0.13 | 0.74 | 0.12 | 0.66 |
| 14) 土曜市・お祭り等の際に行う地域巡回 | 0.33 | 0.31 | 0.20 | 0.47 | 0.22 | 0.52 |
| 5) 勤務時間外の地区懇談会や PTA への参加 | 0.00 | 0.01 | 0.14 | 0.44 | 0.24 | 0.28 |
| 4) 地域で生徒が起こしたトラブル(万引き・恐喝)への対応 | 0.49 | 0.23 | 0.01 | 0.43 | 0.01 | 0.49 |
| 2) 教師が親へ要請する校外の生活指導 | 0.27 | 0.18 | 0.00 | 0.43 | 0.01 | 0.29 |
| 因子Ⅴ＜保護者との困難な関係＞ | | | | | | |
| 22) 集団場面で勝手な主張をする親への対応 | 0.19 | 0.14 | 0.01 | 0.17 | 0.70 | 0.57 |
| 20) 遅刻防止や無断外出防止に校門で指導を行うこと | 0.17 | 0.17 | 0.22 | 0.14 | 0.48 | 0.36 |
| 25) 不登校生徒の家庭訪問（親の理解がない場合） | 0.16 | 0.18 | 0.01 | 0.01 | 0.42 | 0.25 |
| 回転後の寄与率 | 13.20 | 12.43 | 9.80 | 8.36 | 7.10 | |
| 回転後の累積寄与率 | 13.20 | 25.62 | 35.42 | 43.78 | 50.88 | |

との困難な関係〉と命名された。

　以上のような5つの職務特性は動機づけの曖昧な職務の5つの特性であるといえよう。ここでの5つの因子に集約される職務特性は全体の平均化された得点では差が見られにくいものの，個人の認識によって動機づけの高低が大きく異なる動機づけの曖昧な職務特性であるといえる。

　次に，動機づけの高い職務項目群の因子構造を検討する。因子分析（主因子法，バリマックス回転）を行う。先の動機づけの曖昧な職務項目群の因子分析同様，回答得点中央値2.32点を規準に動機づけの高さを否定していると考えられる下位3項目を除外して因子分析を行うこととした。表2-2.に見られるようにここでは動機づけの高い職務でSD値が低く，動機づけが相対的に低くなるに従ってSD値が上昇する傾向が見られるものの，動機づけの低い職務項目群ほどその傾向は顕著ではない。ここでも先と同様，項目はいずれか1つの因子に0.4以上の因子負荷量をもつことを条件とした。そのため，16項目で2因子解が適当とされた。なお，α信頼係数を求めたところ2因子とも充分な内的整合性が認められた。結果を表2-4.に示す。

表2-4. 動機づけの高い職務の因子構造

|  |  |  | 共通性 |
|---|---|---|---|
| 因子Ⅰ＜学校活動＞ | | | |
| 20）目立たない・問題を起こさない生徒とのコミュニケーション | 0.77 | 0.11 | 0.60 |
| 1）進路や学習に関する面談 | 0.64 | 0.13 | 0.42 |
| 14）生徒会運営などを通して生徒が主体的に学校に関わっていく雰囲気作り | 0.62 | 0.33 | 0.50 |
| 18）定期的に機会を設けて生徒とコミュニケーションを図ること | 0.61 | 0.26 | 0.44 |
| 19）自らのコミュニケーション能力や技術を育成すること | 0.60 | 0.21 | 0.40 |
| 13）生徒の進路を保障すること | 0.60 | 0.35 | 0.48 |
| 2）生徒への学習以外の悩みなどの面談 | 0.59 | 0.28 | 0.43 |
| 24）生徒が無気力にならないよう積極性を育てる機会を作ること | 0.51 | 0.37 | 0.40 |
| 23）様々な学習水準に対応しうる研修参加や能力の向上 | 0.51 | 0.26 | 0.32 |
| 17）日常での生徒個人個人とのコミュニケーション | 0.50 | 0.12 | 0.26 |
| 因子Ⅱ＜学校外指向＞ | | | |
| 28）地域の教育力向上や意識作り | 0.16 | 0.72 | 0.55 |
| 27）過保護にならないなど適切な家庭の教育力向上の支援・雰囲気作り | 0.22 | 0.69 | 0.52 |
| 10）地域との密接な連携 | 0.27 | 0.67 | 0.52 |
| 26）生徒を支えるための保護者との話し合い・連携の強化 | 0.21 | 0.63 | 0.44 |
| 9）地域との密接な連絡 | 0.30 | 0.62 | 0.47 |
| 6）生徒の最低限度のマナーや社会性の保障 | 0.16 | 0.48 | 0.26 |
| 回転後の寄与率 | 24.18 | 19.47 | |
| 回転後の累積寄与率 | 24.18 | 43.66 | |

因子Ⅰについては「13）生徒の進路を保障する努力をすること」，「17）日常での生徒個々人とのコミュニケーション」，「14）生徒会運営などを通して生徒が主体的に学校に関わっていく雰囲気づくり」といった学校内の活動について重点をおいた職務の動機づけが志向される要因であるといえる。よって，因子Ⅰは〈学校活動〉因子と命名された。

因子Ⅱは「9）地域との密接な連絡」，「26）生徒を支えるため保護者との話し合い，連携の強化」，「生徒の最低限度のマナーや社会性の保障」といった項目から構成されている。こういった項目は，学校の教育活動以前に生徒の生活水準や生徒個人の資質を保障しようと考えた場合，学校外部との連絡・連携を志向する形態の教師の職務意識であると理解できる。そのため，因子Ⅱは〈学校外指向〉因子と命名された。

ここでの高い動機づけを示す2つの因子は"生徒を支える"つまり「子どもとのパーソナルな関わり」（藤田ら，1996，p.55）を行うため学校内の活動に重点をおくか，学校外との関係性の調整に重点をおくかの特性の取り方つまり職務感の違いである。

### (2) 各因子の性差・年代差をもととした職務意識の比較

ここでは教師個々人においても動機づけの強度が大きく異なる職務意識を詳しく検討するために，動機づけの曖昧な職務項目群各因子と動機づけの高い職務項目群の各因子を性差・年代差をもととした2元配置の分散分析により得点の比較を行い，属性ごとの職務意識の内実を比較検討することとした。結果を表2-5.に示す。また，交互作用が見られたものについては単純主効果の検討および多重比較を行った上で図を示した。

表2-5. 動機づけの曖昧な職務各因子の性差・年代差をもととした比較（2元配置の分散分析）

| 因子名 | 20代 | | 30代 | | 40代 | | 50代 | | $F$ 値 | | |
|---|---|---|---|---|---|---|---|---|---|---|---|
| | 男 | 女 | 男 | 女 | 男 | 女 | 男 | 女 | 年代 | 性差 | 交互作用 |
| 学校外への対応 | 2.24 | 2.08 | 2.27 | 2.02 | 2.23 | 1.83 | 1.95 | 1.97 | 0.79 | 7.57** | 1.01 |
| 部活動 | 2.98 | 3.08 | 2.88 | 2.38 | 2.71 | 2.12 | 2.52 | 2.30 | 4.80** | 13.22*** | 4.87** |
| 研修 | 2.37 | 2.75 | 2.14 | 2.16 | 2.46 | 2.19 | 2.41 | 2.47 | 2.73* | 0.01 | 2.92* |
| 学校外生徒指導 | 2.67 | 2.77 | 2.80 | 2.40 | 2.58 | 2.40 | 2.44 | 2.64 | 1.21 | 4.78* | 1.89 |
| 保護者との困難な関係 | 3.29 | 3.02 | 3.30 | 3.21 | 3.22 | 2.87 | 3.29 | 3.13 | 0.47 | 10.67** | 1.00 |

注）有意確率は * : $p<0.05$, ** : $p<0.01$, *** : $p<0.001$

因子Ⅰ〈学校外への対応〉は性別（$F(1,217) = 7.57$, $p < 0.01$）について有意な主効果が認められた。交互作用は認められなかった。性別の主効果については女性教師の方が男性教師よりも得点が低く，有意に〈学校外への対応〉に動機づけが低いことが明らかにされた。

因子Ⅱ〈部活動〉について，性別（$F(1,229) = 13.22$, $p < 0.001$），年代（$F(3,229) = 4.80$, $p < 0.01$）について有意な主効果が認められた。また，交互作用（$F(3,229) = 4.87$, $p < 0.01$）が有意であった。性別の主効果については女性教師のほうが男性教師よりも得点が低く有意に動機づけが低いことが明らかにされた。年代の主効果については20代以外の年代が20代より有意に得点が低いことが明らかにされた。また，交互作用については単純主効果の検討および多重比較の結果20代以外の女性教師が20代の女性教師と比べ有意に得点が低いことが明らかにされた（図2-1.）。つまり，〈部活動〉については30代以降の女性教師の動機づけの低さが顕著であることがここでの原因であるといえよう。

因子Ⅲ〈研修〉について，年代（$F(3,223) = 2.74$, $p < 0.05$）について有意な主効果が認められた。また，交互作用（$F(3,223) = 2.92$, $p < 0.05$）が有意であった。年代の主効果については20代以外の年代が20代より有意に得点が低いことが明らかにされた。また，交互作用については単純主効果の検討および多重比較の結果，男性では30代が20代に比べ有意に得点が低いことと，女性では30代と40代が20代の女性教師と比べ有意に得点が低いことが明らかにさ

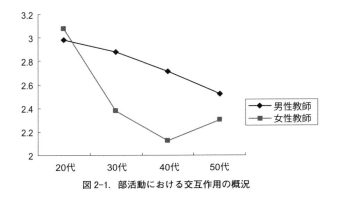

図 2-1. 部活動における交互作用の概況

第3節 教師の職務意識に関する調査研究

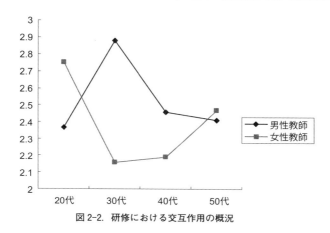

図 2-2. 研修における交互作用の概況

れた（図 2-2.）。

　因子Ⅳ〈学校外生徒指導〉について，性別（$F(1,233) = 1.21, p < 0.05$），について有意な主効果が認められた。交互作用は認められなかった。性差の主効果については女性教師が男性教師と比べ有意に得点が低いことが明らかにされた。

　因子Ⅴ〈保護者との困難な関係〉について，性別（$F(1,210) = 10.67, p < 0.01$），について有意な主効果が認められた。交互作用は認められなかった。つまり，女性教師が男性教師と比べ有意に得点が低いことが明らかにされた。

　動機づけの曖昧な職務各因子の比較についての傾向として，全ての因子において女性教師の動機づけが男性教師よりも低いこと，また20代教師は他の年代と比べ比較的動機づけを高く評価しにくいことが明らかにされた。このことは20代教師の職務の定義が他の年代より広いことと，年代を経るにしたがって職務の範囲が縮小されていく傾向があること，女性教師は男性よりも職務の定義が狭いことが示されたと理解できる。

表 2-6. 動機づけの高い職務各因子の性差・年代差をもととした比較（２元配置の分散分析）

| 因子名 | 20代 | | 30代 | | 40代 | | 50代 | | $F$ 値 | | |
|---|---|---|---|---|---|---|---|---|---|---|---|
| | 男 | 女 | 男 | 女 | 男 | 女 | 男 | 女 | 年代 | 性差 | 交互作用 |
| 学校活動 | 3.22 | 3.41 | 3.30 | 3.51 | 3.33 | 3.39 | 3.11 | 3.10 | 1.11 | 6.25* | 0.59 |
| 学校外指向 | 3.20 | 3.21 | 3.18 | 3.15 | 3.11 | 3.16 | 3.22 | 3.30 | 1.01 | 0.12 | 0.22 |

注）有意確率は * : $p < 0.05$

次いで，動機づけの高い職務の性別と年代に基づいた二元配置の分散分析を行った。結果を表2-6.に示す。

因子Ⅰ〈学校活動〉について，性別（$F(1,223) = 4.38, p < 0.05$），について有意に女性の得点が高いという主効果が認められた。

因子Ⅱ〈学校外指向〉についてはいずれの属性についても有意な差は認められなかった。

以上のようにO県中学校教師にとって動機づけの高い職務項目群における職務意識は，年代に関係のないことが明らかにされた。また，〈学校活動〉については女性教師の得点が高く，女性教師のほうが職務の充実の必要性を高く感じているといえる。

## 第4節 教師の職務ストレッサーに関する調査研究
――研究目的と研究方法――

教師の職務意識調査に次いで教師の動機づけの高い職務項目群と動機づけの曖昧な職務項目群をそれぞれ職務ストレッサーに関する質問項目群として整理する。本節で「中学校教師の職務ストレッサー調査」[1]の尺度整備の過程とその概念の整理を記述し，次いで次節で「周辺的な職務」のストレッサーが「中核的な職務」のストレッサーを増大させるとする「やりがいのない多忙化」の検討を行う。

### (1) 構成概念の整理と調査の実施状況

先に整理した動機づけの曖昧な職務と動機づけの高い職務の質問項目群をもとに職務ストレッサーに関する質問項目群を作成する。Cooperら（1988）は動機づけの曖昧な職務の負担の大きさと動機づけの高い職務の遂行困難を職務ストレッサーにあげており，動機づけの曖昧な職務の項目群における負担を測定することで，また動機づけの高い職務における遂行困難を測定することで職務ストレッサー測定道具とすることとした。

1999年5月に動機づけの曖昧な職務に関する質問項目群（42項目），動機づけの高い職務に関する質問項目群（28項目）それぞれの個別職務に関する項目を示しながら，中学校教師13名とともに前者については「精神的に負担を感じ

る可能性があるかどうか」，後者については「現実に実施困難になる可能性があるかどうか」を中心に検討が行われた。さらに，研究者2名とその議論をもとに「職務意識調査」で示された因子構造（表2-3.，2-4.）を意識しつつ質問項目の文章や項目の編集を行った。これらの手続きをへて職務ストレッサーを測定する動機づけの曖昧な職務の負担に関する質問項目群（28項目）と，動機づけの高い職務の遂行困難に関する質問項目群（17項目）を作成した。

　分析の方針としては上述のように整理された2つの職務ストレッサーに関する質問項目群の因子構造を検討する。それをもとに，松浦（1998）の指摘する「周辺的な職務」に追われることで「中核的な職務」の遂行困難に陥るとする「やりがいのない多忙化」の問題を検討したい。手続きとしては動機づけの曖昧な職務の負担を説明変数に，動機づけの高い職務の遂行困難を目的変数とする重回帰分析により検討する。さらに，性別と年代から属性ごとに職務ストレッサーの強度の比較を行うために二元配置の分散分析を実施する。

## (2) 質問紙の構成

　動機づけの曖昧な職務の各項目ついては「1．全く精神的負担を感じない」「2．あまり精神的負担を感じない」，「3．精神的負担を感じる」，「4．大きな精神的負担を感じる」の4件法で，動機づけの高い職務の各項目については「1．充分遂行できている」，「2．ある程度遂行できている」，「3．遂行が困難である」「4．遂行がとても困難である」の4件法で回答を求めた。

　また，性別（男・女），年代別（20代・30代・40代・50代），主な校務分掌の種類（自由記述），受けもつ校務分掌に対する時間の評価（学校の中で：多い方だ・普通だ・少ない方だ），学級担任の有無（学級担任なし・学級担任・学級副担任），担当部活動（文化部・運動部・担当なし）担当部活動の評価（得意な部活動である・どちらでもない・苦手な部活動である）を質問した。自由記述で回答を求めた主な校務分掌の種類は，その後（主任または主事・対人系校務分掌・非対人系校務分掌）の3種に分類された。

## (3) 調査概要

　①**調査対象と調査手続き**：O県内市街地の中学校37校に勤務する，管理職・

非常勤講師を除いた中学校教師1,000名を対象に学校宛に郵送を行い回収を行った。回収されたうち412件の有効回答（回収率41.2％）が得られた。有効回答の内訳は男性教師236名，女性教師176名，年齢構成は20代65名（うち男性教師36名，女性教師29名），30代181名（うち男性教師106名，女性教師75名），40代122名（うち男性74名，女性48名），50代44名（うち男性16名，女性28名）であった。

②**調査時期**：1999年10月〜2000年1月

## 第5節　教師の職務ストレッサーに関する調査研究
　　　　―結果と考察―

### (1) 因子構造の検討

　まず，それぞれの尺度の構造を明らかにするため，動機づけの曖昧な職務の負担に関する質問項目群，動機づけの高い職務の遂行困難について因子分析を行うこととした。

　動機づけが曖昧な職務の負担に関する17項目で因子分析（主成分解，バリマックス回転）を行った。項目はいずれかの因子に0.4以上の負荷量を示すことを条件とした。固有値の値から判断し，17項目で，3因子が適当とされた。結果を表2-7.に示す。なおα係数を算出したところいずれの因子も0.8以上の充分な内的整合性が確認された。

　第Ⅰ因子は「15）不登校・非行などの生徒の卒業認定や進路保障の努力を行うこと」，「17）不登校の生徒に対し行う家庭訪問や登校を促しに迎えに行くこと」，「24）問題行動を起こした生徒に対する家庭訪問や面談の実施」といった項目の負荷量が高かった。そのため，〈学校内の曖昧な職務〉因子と命名された。

　第Ⅱ因子は「1）連絡網などではなく保護者から苦情や相談で夜にかけてこられる電話への対応」，「3）生徒が学校外で起こした問題行動（例えば万引き・恐喝・家出など）に学校や教師が対応すること」，「10）宿泊を伴うような部活動の遠征・合宿などの引率を行うこと」といった項目の負荷量が高かった。そのため，〈学校外からくる要求への対応〉因子と命名された。

　第Ⅲ因子は「26）学校行事・校務分掌の忙しいときに参加する研修」，「27）あまり必要性を感じないのに参加が義務づけられている研修に参加すること」，

表 2-7. 動機づけの曖昧な職務の負担の因子構造

| 因子名 | | | | 共通性 | 平均値 | SD |
|---|---|---|---|---|---|---|
| 因子Ⅰ＜学校内の曖昧な職務への対応＞ | | | | | | |
| 11) 専門外の部活動を顧問として受け持つこと | 0.67 | 0.13 | 0.24 | 0.53 | 3.35 | 0.89 |
| 15) 不登校・非行などの生徒の卒業認定や進路保障の努力を行うこと | 0.64 | 0.35 | 0.05 | 0.53 | 2.77 | 0.91 |
| 10) 宿泊を伴うような部活動の遠征・合宿などの引率を行うこと | 0.64 | 0.07 | 0.28 | 0.49 | 3.12 | 1.06 |
| 6) 生徒と保護者の希望が違う場合の進路指導や生徒本人の意欲があまり感じられないといった「苦労する」進路指導 | 0.55 | 0.28 | 0.08 | 0.38 | 2.85 | 0.93 |
| 因子Ⅱ＜学校外からくる要求への対応＞ | | | | | | |
| 20) 学校側としては，一方的または感情的と感じるような地域からの苦情などへの対応 | 0.23 | 0.72 | 0.34 | 0.69 | 3.23 | 0.82 |
| 1) 連絡網などではなく保護者から苦情や相談で夜にかけてこられる電話への対応 | 0.19 | 0.71 | 0.10 | 0.54 | 2.94 | 1.02 |
| 19) いわゆる躾を学校や教師が受け持つなど本来は家庭で指導すべき基本的な生活習慣や生活面などに関する指導 | 0.38 | 0.43 | 0.39 | 0.48 | 2.87 | 0.94 |
| 因子Ⅲ＜学校外での職務＞ | | | | | | |
| 27) あまり必要性を感じないのに参加が義務付けられている研修に参加すること | 0.02 | 0.03 | 0.88 | 0.77 | 2.99 | 0.91 |
| 26) 学校行事・校務分掌の忙しい時に参加する研修 | 0.13 | 0.14 | 0.79 | 0.66 | 2.88 | 0.94 |
| 12) 長期の休日・お祭り・土曜市・花火大会などの地域巡回を通しての生徒指導 | 0.30 | 0.21 | 0.50 | 0.38 | 2.62 | 0.94 |
| 24) 問題行動を起こした生徒に対する家庭訪問や面談の実施 | 0.61 | 0.51 | 0.03 | 0.63 | 2.96 | 0.93 |
| 28) 本来専門の教師が行うべき仕事を，専門外の自分が受け持つこと(例えば養護教諭不在時の傷の手当てや担当教科外の指導) | 0.54 | 0.09 | 0.43 | 0.48 | 2.78 | 0.94 |
| 7) 授業の際，教室に入らないあるいは教室に入ることのできない生徒に対して行う特別な対応(例えば生徒を探す・学校を巡回するなど) | 0.53 | 0.45 | 0.01 | 0.55 | 3.18 | 0.93 |
| 17) 不登校の生徒に対して行う家庭訪問や登校を促しに迎えに行くこと | 0.50 | 0.41 | 0.24 | 0.48 | 2.56 | 0.89 |
| 16) 少なくとも教師の側から考えて一方的または感情的な主張をする親への対応 | 0.42 | 0.71 | 0.11 | 0.69 | 3.44 | 0.85 |
| 21) 教育委員会・PTA などからくる現場の実態と合わない要請，または実施上困難を伴う要請への対応 | 0.05 | 0.67 | 0.46 | 0.67 | 3.20 | 0.85 |
| 3) 生徒が学校外で起こした問題行動(例えば万引き・恐喝・家出など)に学校や教師が対応すること | 0.42 | 0.60 | 0.03 | 0.55 | 3.21 | 0.91 |
| 固有値 | 7.3 | 1.7 | 1.1 | | | |

「28) 本来は自分の専門外の仕事に従事すること（例えば養護教諭不在時の仕事や担当教科外の指導）」といった項目が見られた。そのため，〈学校外での職務〉因子と命名された。

　以上の3つの特性（主成分）はO県中学校教師にとって一般的に動機づけが曖昧で負担の大きい職務の領域であるといえよう。

　次に，動機づけが高く遂行困難な職務に関する質問項目群の因子分析を行なった。固有値と因子の構成項目数などから9項目で2因子解が適当と判断さ

表 2-8. 動機づけの高い職務の遂行困難の因子構造

| 因子名 | | | 共通性 | 平均値 | SD |
|---|---|---|---|---|---|
| 因子Ⅰ＜生徒を支える体制作り＞ | | | | | |
| 6）地域と連絡・連携して生徒を支えていく体制作り | 0.76 | 0.11 | 0.61 | 2.80 | 0.82 |
| 7）何らかの行事などをとおして地域とのかかわりを学校や教師が作ること | 0.72 | 0.11 | 0.54 | 2.78 | 0.87 |
| 17）学級活動などに保護者の参加を促し，お互いに理解連携できる体制を作ること | 0.64 | 0.19 | 0.45 | 2.77 | 0.82 |
| 14）様々な学習水準の生徒への対応を可能にするため自主的に研修に取り組むこと | 0.62 | 0.13 | 0.40 | 2.90 | 0.81 |
| 15）こまめに生徒一人ひとりの学習到達度をチェックすること | 0.61 | 0.19 | 0.39 | 2.95 | 0.76 |
| 3）生徒の学力水準に応じた学習内容・授業実施の工夫・補習などの実施 | 0.42 | 0.39 | 0.34 | 2.67 | 0.71 |
| 因子Ⅱ＜生徒とのコミュニケーション＞ | | | | | |
| 2）学習面以外に生徒の悩みなどについての生徒との相談 | 0.06 | 0.80 | 0.64 | 2.55 | 0.73 |
| 10）日常で極力多くの生徒個人個人とのコミュニケーションを図ること | 0.21 | 0.77 | 0.64 | 2.58 | 0.77 |
| 12）「目立たない」「問題を起こさない」といったとくに触れる機会の少ない生徒とコミュニケーションを図ること | 0.25 | 0.73 | 0.60 | 2.67 | 0.68 |
| 固有値 | 3.6 | 1.2 | | | |

れた。結果を表 2-8. に示す。なお，α係数を算出したところいずれの因子も 0.8 以上の充分な値が示された。

第Ⅰ因子は「6）地域と連絡・連携して生徒を支える体制づくり」，「7）何らかの行事などをとおして地域との関わりを学校や教師が作ること」，「14）様々な学習水準の生徒に対応できるように自主的に研修や能力向上の機会に取り組むこと」といった項目が見られた。そのため，〈生徒を支える体制づくり〉因子と命名された。

第Ⅱ因子は「2）学習面以外の生徒の悩みなどについての生徒との相談」，「10）日常での極力多くの生徒個人個人とのコミュニケーションを図ること」，「12）『目立たない』『問題を起こさない』といった特にふれる機会の少ない生徒とのコミュニケーションを図ること」といった項目の負荷量が高かった。そのため，〈生徒とのコミュニケーション〉因子と命名された。

ここでの2つの主成分はO県中学校教師にとって動機づけが高いながらも実施に困難がともなう職務の領域であるといえる。

## (2)「やりがいのない多忙化」の検討

ここでは，「周辺的職務」のストレッサーが「中核的職務」を阻害するという

表 2-9. 「やりがいのない多忙化」の検討（重回帰分析）

| 動機づけの高い職務の<br>遂行困難各因子 | 動機づけの曖昧な職務の負担 | | |
|---|---|---|---|
| | 学校内の曖昧な職務 | 学校外から来る要求への対応 | 学校外職務 |
| 生徒を支える体制づくり | 0.38*** | 0.29*** | |
| 生徒とのコミュニケーション | | 0.32*** | 0.218*** |
| 決定係数($R^2$) | 0.139 | 0.125 | 0.08 |

注）数字は$\beta$値．有意確率については ***：$p<0.00$，**：$p<0.01$，*：$p<0.05$

　松浦（1998）の「やりがいのない多忙化」の流れを，動機づけの曖昧な職務の負担に関する質問項目群3因子を説明変数に動機づけの高い職務の遂行困難に関する質問項目群の2因子を目的変数にする重回帰分析を行うことで検討することとした．

　各因子において構成項目の得点を平均化したものを代表値とし，重回帰分析（強制投入法）を行った．その結果を表2-9.に示す．

　動機づけの高い職務の遂行困難の第Ⅰ因子〈生徒を支える体制づくり〉には，動機づけの曖昧な職務の負担の第Ⅰ因子〈学校内の曖昧な職務〉，第Ⅱ因子〈学校外から来る要求への対応〉が正の影響を与えていることが示された．また，動機づけの高い職務の遂行困難の第Ⅱ因子〈生徒とのコミュニケーション〉には，動機づけの曖昧な職務の負担の第Ⅱ因子〈学校外からくる要求への対応〉，第Ⅲ因子〈学校外の職務〉が正の影響を与えていることが示された．つまり，学校内外での〈生徒を支える体制づくり〉といった環境整備の必要性は認識されているものの，学校内の細かな職務からなる〈学校内の曖昧な職務〉や〈学校外からくる要求への対応〉を職務として担うことなどの多忙さなどで遂行困難が生じている．同じ様に〈生徒とのコミュニケーション〉といった高い動機づけをもつ職務は〈学校外から来る要求への対応〉という様々な職務や，〈学校外の職務〉に従事するという直接生徒にふれない職務が増えることで遂行困難となっているという．このような2つの文脈で「やりがいのない多忙化」のメカニズムが示された．以上より，中学校教師の職務として「周辺部分の職務」に追われることが「中核的な職務」を困難にさせ，いずれの職務ストレッサーも増加するというメカニズムが成立しているといえる．

表 2-10. 年代と性差に基づいた職務ストレッサーの比較

| 因子名 | 20代 男 | 20代 女 | 30代 男 | 30代 女 | 40代 男 | 40代 女 | 50代 男 | 50代 女 | 年代 | 性 | 交互作用 |
|---|---|---|---|---|---|---|---|---|---|---|---|
| 学校内の曖昧な職務 | 2.54 | 2.85 | 2.82 | 3.10 | 2.81 | 3.20 | 2.79 | 3.30 | 2.88* | 19.05** | 4.21** |
| 学校外からくる要求への対応 | 2.77 | 2.91 | 3.09 | 3.25 | 2.78 | 3.18 | 2.86 | 3.03 | 4.45** | 10.88** | 3.64** |
| 学校外での職務 | 2.69 | 2.45 | 2.92 | 2.88 | 2.90 | 3.03 | 3.08 | 2.79 | 3.64* | 0.25 | 2.14* |
| 生徒を支える体制づくり | 2.72 | 2.76 | 2.76 | 2.96 | 2.71 | 2.86 | 2.75 | 2.74 | 0.94 | 5.87* | 1.39 |
| 生徒とのコミュニケーション | 2.54 | 2.42 | 2.56 | 2.44 | 2.65 | 2.56 | 2.56 | 2.46 | 0.90 | 3.31† | 0.91 |

注)有意確率は †: $p<0.1$, *: $p<0.05$, **: $p<0.01$

### (3) 属性に基づいた職務ストレッサーの比較

職務ストレッサーの各因子の得点が性別・年代といった属性にどのように規定されているのかを検討するため性別・年代を独立変数とした2元配置の分散分析を行った。結果を表2-10.に示す。

〈学校内の曖昧な職務〉については性別（$F(1,339) = 6.94$, $p<0.01$）年代（$F(3,339) = 3.19$, $p<0.05$）について主効果が有意であり交互作用（$F(7,339) = 2.47$, $p<0.05$）が認められた。性別については女性教師の得点が有意に高かった。年代について多重比較を行ったところ20代教師が30代、40代の教師と比べ有意にストレッサーを低く認知していることが明らかにされた。また、交互作用については単純主効果の検討及び多重比較の結果20代の女性教師が30代、40代、50代の女性教師と比べ有意に低くストレッサーを認知していることが明らかにされた（図2-3.）。

〈学校外からくる要求への対応〉については性別（$F(1,357) = 20.25$, $p<$

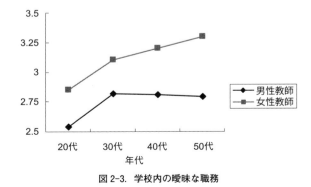

図 2-3. 学校内の曖昧な職務

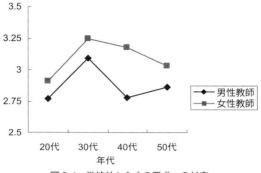

図2-4. 学校外からくる要求への対応

0.001）年代（$F(3,259) = 6.45, p < 0.001$）について主効果が有意であり交互作用（$F(7,359) = 6.33, p < 0.001$）が認められた。性別については女性教師の得点が有意に高かった。年代について多重比較を行ったところ20代教師が30代と40代の教師と比べ有意にストレッサーを低く認知していることが明らかにされた。また，交互作用については単純主効果の検討および多重比較の結果，男性教師では30代が20代，40代と比べ有意にストレッサーを低く認知することと，女性教師においては20代の女性教師が30代と40代の女性教師と比べ有意に低くストレッサーを認知していることが明らかにされた（図2-4.）。

〈学校外での職務〉については年代（$F(3,309) = 4.12, p < 0.001$）について主効果が有意であり交互作用（$F(7,309) = 2.18, p < 0.05$）が認められた。年

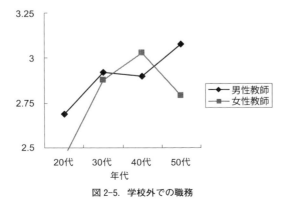

図2-5. 学校外での職務

代について多重比較を行ったところ20代教師が他の全ての年代の教師と比べ有意にストレッサーを低く認知していることが明らかにされた。また，交互作用については単純主効果の検討および多重比較の結果20代の女性教師が他の全ての女性教師と比べ有意に低くストレッサーを認知していることが明らかにされた（図2-5.）。

動機づけの高い職務の遂行困難に関する2つの因子については性別・年代ともに有意な主効果および交互作用は認められなかった。

以上より，動機づけの曖昧な職務の負担は全体的に①女性のほうが負担を強く感じやすく，②女性の30代以降から負担を感じる得点が高くなりやすいことが明らかになった。一方で，動機づけの高い職務の遂行困難は年代や性別との関係性が認めらず，性別や年代にかかわりなく認知されているといえる。

## ◆第6節　総合考察◆

### (1) 教師の職務意識

第2節・第3節で見たように，中学校教師の職務意識は構造により複数の職務意識の領域が存在することと，動機づけの曖昧な職務において属性ごとに得点の差が生じていることが明らかにされた。表2-1.，2-2.の集計結果で見たように動機づけの高い職務は分散が小さく，動機づけの低い職務は分散が高いことと動機づけが低い得点で示されにくいことから動機づけが曖昧な職務と表現をあらためている。

松浦（1998）は一度学校に取り入れられた職務や機能は，もともと「子どものため」という形で定義された性格上，その機能が形骸化した職務や校務分掌となってもほとんど削除されず多忙化やストレス反応を高くしていると論じている。ここで示された教師の動機づけの概要を見ても動機づけの曖昧な職務などの動機づけの評価が低くなりきれないところに松浦（1998）が指摘指摘しているような職務を削除することができない教師の共有する風土や久冨（1994）が論じる多忙を求める職業上共有される文化と共通の構造があるといえよう。また，藤田ら（1996）は教師の平均的な意識（教師文化）の中心は児童生徒との「パーソナルな関わり」であるとしている。表2-1.，2-2.を概観しても動機

第6節　総合考察

づけの高い職務項目群はもとより，動機づけの曖昧な職務項目群においても生徒と接する職務については動機づけがある程度高く，そうでないものは比較的低い位置にあるといえる。生徒との関わりのある職務は松浦（1998）がいうように「子ども」や「児童・生徒」というキーワードでつながる職務であるので，形骸化や効率とは関係なく教師には動機づけを感じるものであると考えられる。

　そのような中で，教師の個人の動機づけについてパターンがあり，男性よりも女性の方が動機づけの曖昧な職務の動機づけが低く，この傾向は30代以降で顕著である。このことは言い換えれば女性の職務上の成長により定義が深まっていく職務の範囲は男性よりも狭まりがちであると指摘することができる。このことは宗像ら（1988）のバーンアウトの高い条件として女性教師と2人以上の乳幼児をもつ教師をあげていることや，大阪教育文化センター（1996）も女性の家事と育児の負担の大きさを強調していることを参考にできよう。つまり，結婚後の家事労働や育児という別の負担が平均して強く存在する30代以降の女性教師にとって職務の範囲をある程度絞る必要性が認識されていると推測できる。こういった女性教師にとって特に高まりやすい私生活面でのストレッサーやいわゆるワークライフバランスの課題などについては次章で検討を行う。

　一方で年代差を見ると20代の教師が動機づけの曖昧な職務の動機づけを低く回答しにくく，言い換えれば職務意識を広く定義しがちであることも示された。このことは体力的にも家庭的にも自由度の大きさがあるとともに職務における技量や教職観が未分化であることが関係するとする議論もある（例えば，松本・河上，1986）。当時の筆者の聞き取り調査においても若手の教師が少ないことで40歳前後の教師が校内でもっとも「若手」となる場合が多くそのことによる負担や不満が指摘されたが，調査当時（90年代末のO県）[2]の極端に教師の新規採用が少なく学校ごとに20代の教師が数人か全く居ない状況もめずらしくなかった。このような学校ごとの教師の人事配置における年代の歪さが，動機づけの曖昧な職務の問題を深刻にしていると考えることができよう。

(2) 教師の職務ストレッサーとしての「やりがいのない多忙化」

　松浦（1998）は「周辺的な職務」の負担の増加が「中核的な職務」の遂行困難をもたらしているとする「やりがいのない多忙化」を90年代半ば以降の教師

の多忙化やストレスの問題として指摘している。先に重回帰分析による検討で見たように動機づけの曖昧な職務の負担を独立変数とし，動機づけの高い職務の遂行困難を目的変数として検討を行ったところこういった「やりがいのない多忙化」と同一の文脈の因果関係が確認できた。もっとも，聞き取り調査や「教師の職務ストレッサー調査」の自由記述で近年特に職務の遂行困難が増していると多くの教師が認識している。また，重回帰分析における寄与率の大きさがかならずしも大きくない。このことから考えても動機づけの高い職務の実施困難は動機づけの曖昧な職務の負担の増加によってもたらされているというよりは，促進されていると理解した方が適切といえるのかもしれない。いずれにせよ，教師の職務ストレッサーが別の職務ストレッサーを促進していることについては教師の健康における問題だけでなく，教育効果を阻害しているという点で深刻な問題であるといえよう。

　具体的な因果関係のつながりに注目した場合，〈生徒を支える体制づくり〉は〈学校内の曖昧な職務〉による負担や，〈学校外からの要求への対応〉による負担により遂行困難となっている。どちらかというと長期的で包括的な地域や学校との連携を通した生徒を支える体制の環境整備は，日常の様々な負担によって現実的な課題として担うことができなくなっていると解釈できる。また，〈生徒とのコミュニケーション〉は〈学校外からの要求への対応〉や〈学校外での職務〉の負担によって遂行困難となっていた。本書の「職務意識調査」の結果や藤田ら（1996）が指摘するように，直接に児童生徒と接する職務は教職の中でもっとも動機づけが高い職務であるといえる。学校外との調整や学校外での職務の増加は学校内で児童生徒と接する時間的余裕などを奪うことでコミュニケーションを難しくしていると解釈できる。このような形で職務ストレッサーが別の職務ストレッサーをもたらす「やりがいのない多忙化」が生じているといえる。

　これらの対策は動機づけの曖昧な職務を教師の職務から削減することも含めて教師の職務範囲を明確にすることと，職務の動機づけを高めるような働きかけを教師に行うことの2つの方法が考えられる。前者については教師の職務意識の中で多くの教師にとって共通している特定の動機づけの低い職務はあまりなく，様々な現行職務も当然一定の必要性があって担われているものであろう。

そのため，安易に教師の職務を削減する議論を展開することはできないが，教育効果の効率や遂行する職務の優先順位を設けるなどして形骸化した職務や効果が不明確な職務についてはその在り方自体を考え直すなどの学校単位の経営の在り方が有効であろう。これらを通して職務のストレッサーを減らすという意味でストレス対策には根本的な解決をもたらすと考えられる。

## (3) 属性による職務ストレッサーの比較

中学校教師の「職務ストレッサー」調査の属性ごとの得点傾向は動機づけの曖昧な職務の負担において20代と比較し，特に30代以降で有意にその負担感つまりストレッサーの認知が高く特にその傾向は女性教師において顕著であった。一方，動機づけの高い職務については差が見られないという「職務意識調査」の動機づけの属性ごとの傾向と同じような結果が示された。このことは先に職務意識の比較で論じたように，年代を経るにしたがって教師の職務意識の範囲は収束や縮小がなされ，特に女性教師はその収束が男性よりも明確に絞られる傾向があるといえる。また，このように収束することで動機づけの曖昧な職務の動機づけが低下した状態でその職務を担うことはそのままストレッサーを認知しやすくなることにもつながることが明らかになったといえよう。

30代以降の教師に目を移せば動機づけの高い職務の遂行困難も自らの経験や技術面で優位であり，20代教師と比べ職務ストレッサーを認知しにくいと考えられてきた（例えば，宗像ら，1988：岡東・鈴木，1997）。しかし，職務遂行不全のストレッサー認知は年代や性別にかかわりなく，同じような高さを示しており，むしろベテラン層教師の20代層教師に対するストレッサーの認知は優位な部分がないまま動機づけの曖昧な職務のストレッサーを高く感じやすいという不利な部分のみが目立つ結果となった。これは本書と比較的近い1990年代に聞き取りや量的調査を行った大阪教育文化センター（1996）と同じ結果であるといえる。1990年代の極端に新採用の教師が少ない状況とそれによる学校現場の年代構成の偏りが背景にあると推測できる。つまり，従来には教師の動機づけの高い職務に対する技術や経験面では劣っていても身体的にも社会的にも余裕のあった20代教師が90年代になって減少したことで，動機づけの曖昧な職務をベテラン層になってまで担わざるをえない状態が同時期に悪化した

教育困難の増大の問題とあわさって職務ストレッサーが増大していった傾向があるとまとめることができよう。

　こういった視点から従来は教師の力量がそろうことで教育困難が解消されるという議論が中心的であったが，たとえ力量や経験が劣っていても当面は学校現場から切り離すことが難しい本章で論じた動機づけの曖昧な職務のストレッサーに相対的に耐久性がある20代教師の長所が指摘できるといえる。このことは学校の教師の人事配分を考える上で年代構成のバランスに留意する必要性を示唆しているといえよう。

## 注　　釈

　(1)調査実施時点では「職務ストレッサー調査」と題していた。しかし，研究成果を学術雑誌として投稿する際の査読者意見より「ストレス反応に関する測定とその相関性を確認してない状況で"ストレッサー"と呼べないのではないか」との指摘を受けた。まさに正論であり，この調査は「ストレッサー調査」とはいえない点をここで強調しておきたい。この「ストレッサー」と呼ぶための基準関連妥当性の課題は第3章で遅ればせながら解決することなる。このあたりより，本研究が調査協力者や私の恩師たち以外にも，様々な方々の貢献により成立していることが改めて理解できる。

　(2)1990年代は少子化が始まる傾向と，少子化以前の基準で採用された年代（当時40代から50代前半）の教師が多数を占めたため新採用教員が極端に少ない時期であった。例えば，大阪教育文化センター（1996）でも極端に20代教師の少ない状況が見てとれる。2000年代になり，これが一転し大都市圏の自治体次いで地方中堅都市圏の自治体で教師の大量採用が始まる。これはこれで別のメンタルヘルスのリスクを生じさせるが，これらは本研究の調査実施時期ではフォローできていない。本書以後の検討課題としたい。

# 第3章 教師の職業ストレッサー・バーンアウト過程に関する検討

## ◆第1節 わが国の教師の職業ストレッサーを構成する諸要因◆

### (1) 職業ストレッサーを整理するうえでの先行研究の議論

　本章の目的は教師の職業ストレッサーを体系的に把握し，バーンアウトに与える影響を検討することである。前章では教師の担う個別の職務をストレッサーとして整理したが，第1節で職務遂行に関わるもの以外も含めた職業ストレッサー全体の把握を行うための議論を行う。次いで，第2節で複数の要因からなる教師の職業ストレッサーが相互にどのような関係をもちながらストレス反応を規定するのかを仮説モデルにまとめる形で検討を行う。第3節以降でこれらの分析と考察を行う。

　Cooper, Cooper, & Eaker（1988）は職業ストレッサーの個別のものは①職務自体のストレッサー，②役割ストレッサー，③仕事上の人間関係，④キャリア発達を阻害する問題，⑤組織の風土・構造上の問題，⑥仕事と家庭の相互に干渉する問題の6つをとりあげている。Cooperら（1988）のストレッサーの分類は先行研究のレビューを通してまとめられたものであり，それぞれの関係性を量的に議論しているわけではない。一方で，このような複数の職業ストレッサーの種類が相互に関係をもちつつストレス反応を規定するモデルを提示したものとしてCherniss（1980）の研究をあげることができる。Cherniss（1980）の検討したモデルは対人専門職の職業ストレッサーを検討したもので職業ストレッサーを職務自体の要因と職場環境の要因，個人的要因の3つの要因にまとめ相互の関係性を検討しながらストレス反応に至る過程のモデルを通しての検討を行っている（図3-1.）。

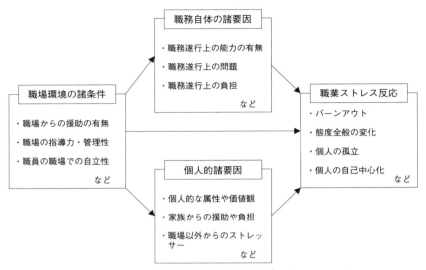

図 3-1. ストレッサー・ストレス反応因果モデル（Cherniss, 1980）

　本章では個別の教師の職業ストレッサーを質問項目を整理する上では Cooper ら（1988）をもとに，これらのストレス反応に至るまでのメカニズムのモデル設定の上では Cherniss（1980）を参考に教師のストレッサー・バーンアウトの調査・分析を行うことを目的とする。そこで，Cherniss（1980）の対人専門職のストレッサー・ストレス反応過程モデルをもとに教師の職業ストレッサーを職場環境の要因と，職務自体の要因，個人的要因の 3 要因に分け，ストレッサーからバーンアウトにいたるメカニズムを検討することとした。3 要因の下位尺度は Cooper ら（1988）をもとに構成し，国内のストレスに関する先行研究を参考に個別の下位尺度を構成することで独自に尺度化を行うこととした。

### (2) 教師の職業ストレッサーの種類ごとの先行研究の議論

　まず，Cooper ら（1988）のストレッサーの種類ごとにわが国の教師の職業ストレッサーの議論を整理することとした。その中で，概念ごとに内容が重複するものの扱いや，Cherniss（1980）のいうところの職場環境の要因と職務自体の要因のどちらの位置づけがなされるかを整理する。

　①**職務自体のストレッサー**：Cooper ら（1988）では職務を遂行する際のスト

レッサー全般としてこの問題をとりあげている。具体的には，与えられた時間や設備，諸条件では遂行できない職務が与えられることや，自らの職務とは理解しにくい職務の遂行の問題をあげている。

前者の問題としては宗像ら（1988）や，大阪教育文化センター（1996），伊藤（2000）など様々な先行研究が教師の職務遂行の困難やそのことに関する悩みをとりあげ，バーンアウトや様々なストレス反応と関係があることを明らかにしている。本書では第2章で整理した動機づけの高い職務の遂行困難と動機づけの曖昧な職務の高い負担はここでの定義に基づいている。これらはCherniss（1980）のモデルに従えば職務自体の諸要因の構成内容といえよう。

②**役割ストレッサー**：Cooperら（1988）によれば与えられた役割の曖昧さにより遂行する職務が増え結果として多忙となることでのストレッサーつまり役割の曖昧さと，役割に関して仕事上関係のある他者と自らの意見や価値観の違いの大きさであるストレッサーつまり役割葛藤からなるとしている。Schwab & Iwanicki（1982）は教師を対象に役割ストレッサーを尺度化しており，バーンアウトとの関係を検討している。わが国の研究では岡東・鈴木（1997）が養護教諭を対象に，このSchwab & Iwanicki（1982）の作成した尺度の邦訳版を測定しており，これがバーンアウトと有意な関係にあることを明らかにしている。

ここで問題になっている役割ストレッサーは慢性的なストレッサーを与える組織自体の構造の課題である（Cohen, Kessler, & Gordon,1995）。そのためCherniss（1980）でいうところの職場環境の要因と定義できる。しかしながら，すでに職務自体のストレッサーでとりあげた動機づけの曖昧な職務の負担はここでいうところの役割が曖昧になることにより生じた職務自体の負担を具体的にまとめたものであるといえる。そのため，両者の内容は類似すると判断し，ここでは役割葛藤のみをとりあげることとする。

③**仕事上の人間関係**：Cooperら（1988）は同僚や上司，部下との人間関係と職務遂行の際に接するクライエントとの人間関係の2つに大きく分けて論じている。

教師にとってのクライエントといえる児童生徒さらに，保護者との人間関係の難しさなどは宗像ら（1988）や，大阪教育文化センター（1996），岡東・鈴木

（1997），伊藤（2000）など量的な検討でもすでに様々な角度から検討がなされている。これらについては本書第2章ですでに職務のストレッサーとして議論の対象としてきたためここではとりあげない。

また，教師にとっての同僚や上司との関係については秦（1991）や大阪教育文化センター（1996）などインタビューや自由記述形式での質問などを通してストレッサーとして深刻なものであることがとりあげられている。しかし，量的調査として詳細な検討が充分になされたわけではない。さらに，教師ストレス研究はもとよりストレス研究全般において対人関係の影響といえばストレス抑制要因であるソーシャルサポートの観点からの検討が中心となっており，ストレッサーとしての尺度化や影響力の議論は近年になってから積み重ねられている状況である（橋本，1997）。そのため，Cherniss（1980）のモデルが示すところの職場環境の要因として教師の同僚や上司との人間関係のストレッサーを独自に質問項目として整理することとした。

④**キャリア発達を阻害する問題**：Cooperら（1988）については雇用体制上の安定や他の職と比較した上での社会的威信，報酬や休暇などの魅力，現在の職業を今後の職歴として誇れる程度，発展的な転職の余地などが低いことをキャリア発達を阻害する問題によるストレッサーとしている。

わが国の教師ストレス研究では採用試験を控えた常勤・非常勤講師の問題や他の職種と比べた際の威信の低下で職務遂行が困難になっているとする問題をインタビューや自由記述式の回答をまとめる形で整理した研究が存在する（大阪教育文化センター，1996）。他にも，量的な検討で給与の満足感とストレス反応に有意な関係がないことを明らかにした岡東・鈴木（1997）などがある。また，転職の余地などについては次節で示すような質問紙作成における現職教師との協議においても「日常あまり現実的な問題であると感じたことがない」などとされることから，わが国の教師ストレス研究において検討することがあまりなじまないと判断し，ここではとりあげないこととした[1]。

⑤**組織風土・組織構造の問題**：Cooperら（1988）は職場での決定事項の参加の余地のなさや，適切な職業上の評価がなされない状態，さらに職場から仕事をする上での援助がなされていないことなどの職務遂行を困難にする職場環境の問題をとりあげている。そのため，この問題はCherniss（1980）のいうとこ

ろの職場環境の要因とすることができよう。

　ここで示されたような問題については大阪教育文化センター（1996）が自由記述形式の調査をもとに職務遂行が困難な職場の雰囲気をまとめている。また，岡東・鈴木（1997）は学校の職場環境や勤務上の構造の問題をそれぞれとりあげ個人特性やバーンアウトとの関係を検討している。さらに，組織風土の検討については露口（2000）が校長のリーダーシップにより組織風土が良好となり，そのことが間接的に職務の遂行が良好になっているとするモデルを量的に検証している。これらの先行研究の成果から組織風土や職場環境の雰囲気が職務のストレッサーを改善するとすることが明らかにされているといえよう。学校組織の改善は教育経営学の分野で具体的な介入を意図した議論が増えており，例えば牧（1999）のように学校組織の健全さを診断するチェックリストなども開発されている。

**⑥仕事と家庭の相互に干渉する問題**：Cooperら（1988）は仕事の多忙が家庭や私生活での時間的または体力的余裕をなくしたり，職場でのストレッサーの蓄積が家庭や私生活でのストレッサーの感じやすさや問題行動の増加をもたらすとしている。

　わが国の教師ストレス研究では女性教師のストレス反応の高さを報告する研究が多く，その原因として職業上のストレッサーが育児や家事といった私生活面での仕事と相互に干渉しあっているとの推測での議論が多くなされてきた（例えば，松本・河上，1994；岡東・鈴木，1997；伊藤，2000）。大阪教育文化センターはこの問題をインタビューや自由記述から詳しく整理し女性教師の問題として議論している。また，宗像ら（1988）はバーンアウトの特に高い教師の属性に，女性教師と2人以上の乳幼児をもつ教師があげていることから，これらの問題に同様の議論を行っている。しかしながら，家庭や私生活のストレッサーを教師にたずね，ストレス反応との関係を詳しく議論した研究はあまりない。そのため，本書は育児や家事の質問項目を独自に設けCherniss（1980）のいうところの個人的要因を構成することとした。

　以上の議論をもとに次節でCherniss（1980）のモデルをもととした仮説モデルの設定と質問項目の作成の手続きを整理する。

## ◆第 2 節　ストレッサー・ストレス反応モデルの検討と調査方法◆

### (1) 仮説モデルの設定

　職業ストレス研究の中で間接効果と直接効果を区別したモデルとしてCherniss（1980）の職業ストレス過程モデルがある。Cherniss（1980）のモデルは説明変数を労働者本人とその職場の支援や葛藤からなる「職場環境の要因」と，仕事を離れた家庭などから受けるストレッサーや支援である「個人的要因」，さらに職務内容におけるストレッサーの認知である「職務自体のストレッサー」の3つの要因に分けている。ここで論じられる「職場環境の要因」は所属する職場の諸要素と本人の葛藤であるため単位学校経営上の課題と理解できよう。
　「職務自体のストレッサー」は資源の不足などの仕事の困難さや仕事の役割が不明確であることなどからくる過重負担の問題であるため，制度自体の限界を含めた概念であるといえる。そこで，本書ではCherniss（1980）のモデルを参考に，職場環境のストレッサーと，職務自体のストレッサー，個人的ストレッサーの3つの要因を設定した。さらに，ストレス反応については包括的にストレス反応を把握しうるバーンアウト尺度を測定尺度として採用することとした。
　各要因間の関係についてはストレッサーである3つの要因からバーンアウトに至るパスを設定した。また，近年の研究を概観すると，ソーシャルサポートといわれるストレス反応を規定する人間関係はストレス反応を直接規定するよりも個人のストレッサーの認知的評価を規定するとの指摘（稲葉，1998）や，校長のリーダーシップなどに規定される良好な組織風土は職務の良好な状態の認知といったここでいうところの職務自体のストレッサーに近い概念を規定するとの指摘がある（露口，2000）。そこで，職場環境のストレッサーが原因となり職務自体のストレッサーを規定するパスを設定した。次に個人的ストレッサーについては，Cooperら（1988）やTravers & Cooper（1996）の研究で仕事の負担が原因となり個人生活を侵害すると述べていることに注目した。そこで，本書では職場環境のストレッサー，職務自体のストレッサーが原因となり個人的ストレッサーに影響を与えるとするパスを設定した。以上の様に仮定された始発モデルを図3-2.に示す。

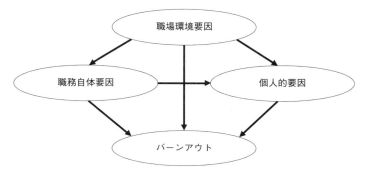

図 3-2. ストレッサー・バーンアウト過程の仮説モデル

## (2) 質問紙の構成

わが国の学校教育制度やその文化，教師の意識から見て違和感のない質問紙の構成を行うためO県教育センターに勤務する，もしくは長期研修員として研修中の教師13名とともに質問項目を整理することとした。以下に示す先行研究の尺度や質問項目を示しつつ，O県小・中学校教師にとって違和感の無い内容になるよう話し合いを行った。その結果を整理し，一度筆者が取りまとめたものを再度13名の教師に提示し，手直しを求めた。これを筆者2名と他に大学院生2名を加え，ストレッサー3要因およびバーンアウト尺度の質問項目における重複する概念や言葉がないかを確かめた上で質問紙を作成した。

職業ストレッサーはCherniss（1980）を参考に職務自体の要因，職場環境の要因，個人的要因の3要因で整理しつつ，ストレス反応としてバーンアウトをとりあげる。詳細を以下に整理する。なお，すべての質問項目は「1．全くそうではない」〜「4．とてもそうである」の4件法で回答を求めた。

①**職務自体の要因**：Cherniss（1980）のモデルに従い専門職としてのサービスの内容に関わるストレッサー要因をまとめることとした。Cooperら（1988）による定義に従えば，サービスの内容に関する専門職のストレッサーは動機づけの高い職務の遂行困難と動機づけの低い職務の負担が該当する。

そこで，本書第2章の中学校教師の職務意識調査を参考に，動機づけの高い職務の実施困難17項目と動機づけの低い職務の負担の大きさ28項目をもとに質問項目を整理した。その結果，17項目からなる動機づけの高い職務の実施困

難と，9項目からなる動機づけの曖昧な職務の負担をそれぞれの項目群として整理した。

**②職場環境の要因**：Cherniss（1980）のモデルによればサービスの遂行に直接関わる以外の職業場面におけるストレッサーを職場環境のストレッサー要因としてまとめている。Cooperら（1988）による定義に従えば人間関係によるストレッサー，組織風土，役割葛藤が該当しよう。

組織風土のストレッサーについては組織の構造および雰囲気などにより構成員の職務の遂行を阻害する問題がとりあげられている。ここでは学校経営上の教師個々人の感じる組織風土の問題点を診断するために開発された牧（1999）の「学校経営診断マニュアル」の40項目を参考とすることとした。その中から学校の方針などへの教師個々人の参加の余地や，仕事の自律性，目的の明確さ，仕事の分担などの適切さなどの問題をとりあげ11項目からなる質問項目群を構成した。

役割葛藤に関する問題については岡東・鈴木（1997）の「役割ストレス尺度」を参考に11項目からなる役割葛藤の質問項目群を構成した。

人間関係によるストレッサーはCooperら（1988）によれば児童生徒や，保護者，同僚，上司それぞれとの間に存在するといえる。しかし，本書では職務自体の要因において教師のサービスの内容に関するものをまとめており，児童生徒および保護者との関係はこの部分に含まれると考える。そのため，ここでは同僚と上司との関係について注目することとした。橋本（1997）の大学生向け「対人ストレスイベント尺度」40項目を参考に学校現場の同僚および上司との関係に関する11項目の質問項目群を構成した。

**③個人的ストレッサー**：Travers & Cooper（1996）や宗像ら（1988），大阪教育文化センター（1996），岡東・鈴木（1997）などを参考にストレス反応に影響を与えやすいと考えられている原因として家事や育児の負担，自らの健康の問題，家族の問題など5項目からなる質問項目群を設けた[2]。

**④バーンアウトの測定**：田尾・久保（1997）の日本語版バーンアウト尺度（MBI）を教師向けに改定した伊藤（2000）の17項目からなる尺度を採用した。

以上より構成される合計81項目に加えて性別（男性・女性），年代（20代・30代・40代・50代），学校種別（小学校・中学校），校務分掌（教諭"担任あり"・

教諭 "担任なし"・教諭 "学年主任・教務主任"・教諭 "生徒指導主事"・養護教諭・非常勤講師・管理職）からなる属性をたずねた。

### (3) 調査の実施状況

①**調査時期**：2001年7月～10月

②**調査対象**：調査対象としてO県内の人口規模の大きな3つの都市の小・中学校を対象とすることとした。なお，O県は全国比において精神疾患による病気休職者の発生割合が比較的高い地域である。各学校は一定の規模をもつことを条件としたため，学校ごとの教師の人数を参考としつつ小学校37校，中学校25校，計1,200名の教師に質問紙を配布することとした。回収は学校ごとに一定数の回収が完了した後に筆者宛てに郵送してもらうこととした。回収したもののうち欠損値のあるものと，管理職，非常勤講師の回答を除いたため有効回答数は710部であった（有効回収率58％）。なお，回答者の構成は小学校教師男性177名，小学校教師女性314名，中学校教師男性132名，中学校教師女性86名であった。

## 第3節　教師の職業ストレッサー・バーンアウト過程の検討
### ―基礎モデルの検討―

### (1) 各因子構造の検討

まず，質問項目がすべてにおいてストレッサーもしくはストレス反応が高い状態ほど得点が正の値になるように調整を行う。そのため，バーンアウト尺度では田尾・久保（1997）のあげる「達成感の後退」にあたる6の質問項目を逆転項目として扱った。なお，構成概念の表記を見やすくするため各ストレッサー要因およびバーンアウト尺度からなる構成要因は「　」で，下位尺度と位置づけられる因子については〈　〉で示すこととする。

次いで，構造を検討するため「職場環境の要因」，「職務自体の要因」，「個人的要因」さらに「バーンアウト」においての構造を検討するためそれぞれの要因において因子分析（最尤解，プロマックス回転）を行った。因子数は固有値1以上の因子を採用することで設定し，因子負荷量はいずれかの因子に0.4以上であることを条件とした。因子構造および，因子負荷量，クロンバックのα

表 3-1. 要因（潜在変数）ごとの因子（観測変数）構造

| 潜在変数 | 観測変数 | 項目内容，尺度平均得点（SD），α信頼係数 |
|---|---|---|
| バーンアウト | 情緒的消耗感 | 今の仕事は「私にとってあまり意味のないこと」と感じることがある。自分の仕事がつまらなく思えてしかたがないことがある。同僚や児童・生徒と何も話したくなくなることがある。同僚や児童・生徒の顔を見るのも嫌になることがある。仕事の結果はどうでもよいと思うことがある。「こんな仕事もうやめたい」と思うことがある。出勤前，職場に出るのが嫌になって家にいたいと思うことがある。こまごまと気配りすることが面倒に感じることがある。（以上8項目）2.17（0.57），0.77 |
| | 達成感の後退 | 仕事が楽しくて知らないうちに時間が過ぎてしまうことがある。今の仕事に心から喜びを感じることがある。我を忘れるほど仕事に熱中することがある。この仕事は私の性分に合っていると思うことがある。仕事を終えて，「今日は気持ちのよい日だった」と思うことがある。「我ながら，仕事を上手くこなしている」と思うことがある。（以上6逆転項目）2.40（0.57），0.73 |
| | 脱人格化 | 体も気持ちも疲れ果てたと思うことがある。仕事のために心にゆとりがなくなったと感じることがある。1日の仕事が終わると「やっと終わった」と感じることがある。（以上3項目）3.18（0.61），0.69 |
| 職務自体の要因 | 動機づけの曖昧な職務の負担 | 児童・生徒が学校外で起こした問題に対応することの負担が大きい。教師や学校の側からすれば，一方的と感じるような保護者や地域からの要求・苦情に対応することの負担が大きい。不登校や問題の多い児童・生徒やその保護者との関係の維持に努力することの負担が大きい。授業妨害をする，教室にじっとしていられない，ないしは学習意欲がひどく欠ける児童・生徒に授業などで対応することの負担が大きい。教育委員会などの行政上の都合に細かく応じることの負担が大きい。"しつけ" や "常識"，"生活習慣" など本来家庭でなされるべきものを細かく指導することの負担が大きい。例えば予算会計など様々な事務作業や自らの専門外の仕事など細かな役割に応じることの負担が大きい。必要性を感じにくい研修や研究指定を受けることなどで忙しさが増すことの負担が大きい。地域巡回や通学区の交通指導に時間を取られることの負担が大きい。（以上9項目）3.13（0.51），0.77 |
| | 職務の実施困難 | 学級や児童会・生徒会などの経営を通して児童・生徒にとってのまとまりのある（居心地のよい）集団作りを行うことが困難である。児童・生徒の学習指導でコミュニケーションや細かな指導を充実することが困難である。学習指導以外の日常的な児童・生徒とのコミュニケーションを確保することが困難である。家庭や地域と接する機会をもうけて，協力しあえるような関係や環境づくりを行うことが困難である。児童・生徒が，下の学校から進学してきたり，学年があがったり，上の学校に進学する際に必要な指導を適切に行うことが困難である。学校現場の様々な期待や課題に対応できるように自主的に研修や能力向上の機会に取り組むことが困難である。児童・生徒の最低限の学習レベルを確保することが困難である。（以上7項目）2.44（0.51），0.80 |
| 職場環境の要因 | 役割葛藤 | 同僚から過剰に期待や要求をされることが多い。上司（校長・教頭・主任・主事の先生方）から過剰に期待や要求をされることが多い。児童・生徒から過剰に期待や要求をされることが多い。自分の苦手な役割を求められることが多い。自分の能力以上の仕事をすることが求められていると感じることが多い。保護者から過剰に期待や要求をされることが多い。職務を果たすのに適切な援助がない場合が多い。児童・生徒や他の教師とのやりとりのなかで矛盾した要求を受けることが多い。児童・生徒の立場を優先させるべきか，教師や学校の立場を優先させるべきか迷うことが多い。学校や学年の教育方針について自らの信念や考えとの矛盾を感じることが多い。十分な設備や情報なしで仕事をしなければならないことが多い。（以上11項目）2.40（0.49），0.73 |
| | 同僚との関係 | 同僚や上司に誤解を受けることが多い。同僚や上司から責められることが多い。同僚や上司と対立することが多い。同僚や上司が無責任な行動をすることが多い。同僚から自分の仕事について干渉されることが多い。職場の中で上下関係についてとても気にしなければならないことが多い。同僚とうまくコミュニケーションを取れないことが多い。同僚の愚痴や不満を聞いたり，慰めたりしなければならないことが多い。（以上8項目）1.88（0.50），0.84 |
| | 組織風土 | 自分の学校や学年では，計画したことが能率よくこなすことができ，働きやすい。自分の学校や学年では，目標や方針といった「今やるべきこと」がはっきりしている。他の先生と仕事上の調整や分担がうまくいっている。自分のやっていることが，どういったことに役に立っているのかはっきりしている。職場では，色々な意見が出て納得のいく決定ができる。自分の仕事や役割・校務分掌の処理をするのに充分な人手がある。（以上6逆転項目）2.43（0.51），0.77 |
| | 評価懸念 | 同僚に対し劣等感を抱くことが多い。周りと比べて自分の能力不足を感じることが多い。同僚や上司が自分のことをどう思っているのか気になることが多い。（以上3項目）2.21（0.66），0.72 |
| 個人的要因 | 個人・家庭の問題 | 最近，自分の健康が気になる。家族や家庭について最近になることや忙しいことが多い。家庭では家族の病気の世話や介護などに時間を取られる。（以上3項目）2.36（0.68），0.64 |
| | 育児・家事 | 家では自分の子どもの世話に時間を取られる。家庭では家事に時間を取られる。（以上2項目）2.66（0.91），0.63 |

信頼係数を示したものを表3-1.に示す。

　バーンアウトについては若干構成項目に変化が認められるものの，田尾・久保（1997）の3因子構造が認められた。そのため，それぞれ〈情緒的消耗感〉と〈達成感の後退〉，〈脱人格化〉と命名された。また，職場での対人関係は同僚との関係の良好さの他に，同僚からの評価を気にする質問項目が独立した因子として成立することが示された。そのため，それぞれ職場での〈同僚との関係〉と〈評価懸念〉と命名した。個人的ストレッサーについてはいわゆる生活出来事といえるようなトラブルや余裕の無さと，日常的苛立ちごとといえる育児家事の問題が別々の因子となっていることが明らかにされた。これらはそれぞれ〈個人・家庭のストレッサー〉と〈育児・家事〉と命名された。その他の因子についてはもともと仮定したストレッサーの質問項目群がそれぞれ因子を構成していることが確認された。

## （2）仮説モデルの検討

　図3-2.で示したような，仮説モデルの職業ストレッサー・バーンアウト過程の検討を行うために，共分散構造分析に基づいてモデルの検討を行うこととした。各潜在変数は図3-2.で示した「職場環境の要因」と，「職務自体の要因」「個人的要因」，「バーンアウト」の4つとし，それぞれの観測変数に各因子構成項目の合計得点を投入した。パスについては$p$値が0.01水準で有意なもののみをとりあげることとし，有意でないパスはその都度取り外した上で再分析を行うこととした。適合度については山本・小野寺（1999）をもとにGFIが0.94以上，AGFIが0.90以上，RMSEAが0.1未満であることを条件とした。適合度を高めるためのモデルの修正は修正指標に基づいて各潜在変数を構成する観測変数間どうしのみにおいて相関のパスを適時設けることとした。

　仮説モデルにおける「職場環境の要因」から「バーンアウト」および，「職務自体の要因」から「個人的要因」に至るパスが有意ではないため削除された。また，修正指標に従い「職場環境の要因」における〈同僚との関係〉と〈評価懸念〉の間で相関のパスを設けることとした。両者はいずれも対人関係上のストレッサーに関する質問項目であるため共通性が高いといえ相関のパスを設けることにおいて無理がないと判断した。以上のような手続きの上で適合度上満

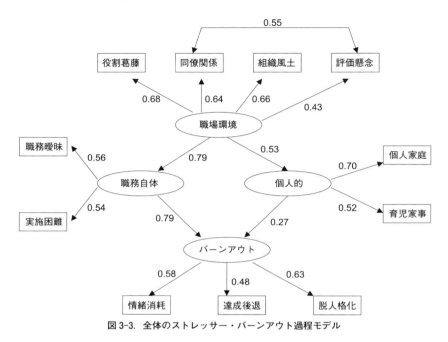

図 3-3. 全体のストレッサー・バーンアウト過程モデル

足のいくパス図が示された。結果を図 3-3. に示す。

### (3) モデルの考察

　まず,「職務自体のストレッサー」について考察する。「職務自体のストレッサー」は直接的なバーンアウトの規定要因であり,パス値で示されたその強度は「個人的要因」よりも大きかった。この要因について近年教育困難が進む一方で家庭・地域からの要求が拡大し教師の仕事や役割が拡大していることは秦（1991）や本書第 2 章で整理している。本研究の結果はこれらの職務遂行が困難になり,職務の遂行内容が増えることのストレッサーの強さを確認したものといえる。その中で,動機づけの高い職務の遂行困難は学校現場や教師の対応する問題であり,能力の向上などの職務遂行を促進する様々な試みが必要になるといえる。一方で後者の問題は教師の地域や家庭における教育の肩代わりせざるを得ない状況自体が問題であるといえる。教師の職務が曖昧であることは専門性の向上の観点からもあまり望ましい問題とはいえない。教育困難や職務

遂行の改善といった教師や学校にとって専門的な課題と同時に，こういった地域や家庭の教育力の低下への対応や，教師や学校の職務範囲の明確化なども「職務自体のストレッサー」を改善するために必要な議論であるといえよう。

　従来ストレッサーとストレス反応過程をめぐる検討は直接効果と間接効果を区別しての議論があまりなされてこなかった。その中で「職場環境の要因」においてCherniss（1980）のモデルでは直接ストレス反応である態度の変容を規定していたが，本研究では直接的に「バーンアウト」は規定しておらず，「職務自体の要因」と「個人的要因」を調整することを通して間接的に「バーンアウト」を規定していた。わが国の教師の職務の動機づけについては「児童生徒とのパーソナルな関係」がもっとも大きなものであるとされている（藤田ら，1996）。そのため，児童・生徒とのかかわりにおけるストレッサーである「職務自体の要因」が直接的でもっとも影響力が強く，同僚との関係や仕事をするための職場の雰囲気といったものはそれと比べれば間接的な影響であったとの文脈で理解できる。

　このように間接的にバーンアウトに関わり，直接的にはストレッサーを規定する要因は調整要因と呼ばれサポートなどの社会心理学的変数でよく見られる（例えば，稲葉，1998を参照）。そのため，「職場環境の要因」はいわゆる職業ストレッサーというよりも，個人が職務における潜在的ストレッサーを評価する際に対処可能性を規定するコーピングの資源と理解する方が現実的なのかもしれない。以上より，「職場環境の要因」の改善には管理職や学年主任などのリーダーシップで職場環境の適切な風土や人間関係を整備することがあげられるがこれらはバーンアウトに対して予防的な対処であり，高ストレス反応の状態を直接的に改善するには「職務自体の要因」の改善を重視する必要性があるといえよう。

　「個人的要因」については「職務自体の要因」よりは低いものの直接的に「バーンアウト」を規定するパスが有意であった。また，「職務自体の要因」からは影響を受けておらず，「職場環境の要因」からのみ影響を受けていた。このことは職業生活から私生活へのストレッサーの流出が起きるのは職務の遂行によるストレッサーから流出するのではなく，職場環境の諸条件からのみ流出していることが明らかになったといえる。このことは具体的な例をあげれば児童生徒と

のかかわりやそこからくる職務の遂行不全や不満は私生活のストレッサーの増大につながらず，職員会議や同僚との関係などの職場環境における不満が私生活の増大につながることを意味するといえる。私生活のストレッサーは職業心理学的な改善の議論の対象としてどれくらいの改善ができるのかは，あまり楽観視できないが，職場環境諸条件の整備は私生活におけるストレッサーを増加させないという調整変数として間接的にストレス反応の予防効果がある程度は期待できることが示唆された。

## 第4節　教師の職業ストレッサー・バーンアウト過程の検討 ─小学校・中学校のモデルの比較を中心に─

### (1) 小・中学校教師のストレッサー・バーンアウト過程の分析

次いで，小・中学校教師のストレッサー・バーンアウト過程の比較を行うこととした。そのため，まず各因子構成項目の平均得点を用いて小学校教師と中学校教師のストレッサー，ストレス反応の高低を $t$ 検定で比較することとした。結果を表3-2.に示す。

育児・家事のみ小学校教師の方が有意に中学校教師よりも高かった。それ以外の有意差のあるものは全ての因子で中学校教師のほうが高いストレッサー，バーンアウト得点を示していることが明らかにされた。以上より相対的にではあるが小学校＝低ストレス組織，中学校＝高ストレス組織であることが確認さ

表3-2. 小・中学校教師ごとの各ストレッサー・バーンアウト因子得点の比較

| 潜在変数 | バーンアウト | | | 職務自体の要因 | |
|---|---|---|---|---|---|
| 観測変数 | 情緒的消耗感 | 達成感の後退 | 脱人格化 | 動機づけの曖昧な職務 | 職務の実施困難 |
| 小学校 | 2.14(0.53) | 2.41(0.65) | 3.13(0.62) | 3.10(0.52) | 2.42(0.42) |
| 中学校 | 2.25(0.56) | 2.37(0.53) | 3.27(0.57) | 3.20(0.48) | 2.48(0.42) |
| $t$ 値 | 7.65** | 0.33 | 17.59** | 9.07** | 5.95* |

| 潜在変数 | 職場環境の要因 | | | | 個人的要因 | |
|---|---|---|---|---|---|---|
| 観測変数 | 役割葛藤 | 同僚との関係 | 組織風土 | 評価懸念 | 個人・家庭の問題 | 育児・家事 |
| 小学校 | 2.24(0.45) | 1.87(0.50) | 2.36(0.48) | 2.22(0.66) | 2.38(0.68) | 3.76(0.89) |
| 中学校 | 2.38(0.48) | 1.92(0.51) | 2.60(0.53) | 2.18(0.67) | 2.30(0.68) | 2.41(0.91) |
| $t$ 値 | 15.11*** | 3.11 | 32.94*** | 0.18 | 0.03 | 9.44** |

注）有意確率は *: $p<0.05$, **: $p<0.01$, ***: $p<0.001$

れたといえよう。これは石堂（1973）とは全く逆の結果である。また，育児や家事の問題においては大阪教育文化センター（1996）などが中学校教師の多忙ゆえに家庭をかえりみることができなくなっているとする自由記述などを紹介している。ここで示された中学校教師のストレッサーやストレス反応の高さと，育児・家事のストレッサーとしての相対的な得点の低さは同様の文脈で理解できよう。

　次いで，このストレス強度の異なるそれぞれのモデルの比較を行う。小学校と中学校教師それぞれのデータに分け，図3-3.に示した全体モデルを基礎モデルとし共分散構造分析に基づいて検討する。適合度やパスを設定する際の条件は第3節同様の手続きをとり分析を行うこととした。小学校においては個人家庭のストレッサーからバーンアウトに至るパスも有意でないため削除された。設定諸条件が全て満たされた。小学校のストレス過程モデルを図3-4.に，中学校のストレス過程モデルを図3-5.に示す。

## (2) 小・中学校教師のストレッサー・バーンアウト過程の比較

　第3節で検討した全体モデル同様に小・中学校教師のストレッサー・バーンアウト過程において「職場環境の要因」は直接「バーンアウト」を規定しておらず，「職務自体の要因」と「個人的要因」を規定していた。しかしながら，小学校教師は $t$ 検定で明らかになったように育児や家事について相対的に大きな負担を抱えているものの，個人的ストレッサー自体がストレス反応の規定要因とはなっていなかった。つまり，一般的に小学校教師にとって個人家庭のストレッサーは職業上ストレス反応を生じさせるようなストレッサーにはなっていないといえる。むしろ，先に述べたように小学校と比べ高ストレス組織である中学校教師にとっては育児や家事に負担を投入する余裕がない状況にあるにもかかわらずストレス反応規定要因となっていることが問題といえよう。このことは，職場での負担の強さが家庭での必要な負担を担いにくくしていることで量的負荷は低くとも影響力が高くなっていると考えられる[3]。

　ちなみに，性別や年代別にデータを分けた上でのストレッサー・バーンアウト過程モデルの検討を行ってみたがいずれも図3-3.の基礎モデルで成立しており小学校教師のモデル（図3-4.）と中学校教師のモデル（図3-5.）のような

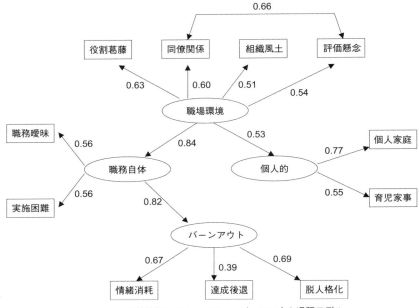

**図 3-4. 小学校教師のストレッサー・バーンアウト過程モデル**

対比的な結果は見られなかった。このことより性別や年代別といった諸属性よりも学校種別の違いに示されるような全体的な職業上のストレッサーの大きさが「個人的要因」のストレッサーとしての影響力を規定する上で強い影響力をもっているといえよう。

## ◆第5節　属性に基づいたストレッサー・バーンアウト各要因の比較◆

第1節で論じたように特に育児や家事などの私生活での負担が高い属性が職業ストレッサーと相互に関連することで女性教師のストレス反応の高さの問題などが論じられてきた。本章第4節で見たように育児や家事を含んだストレッサーの「個人的要因」は小学校では直接バーンアウトを規定しておらず，中学校では直接バーンアウトを規定していた。このことから少なくとも中学校のような職業ストレッサーつまり「職務自体の要因」と「職場環境の要因」が高い職業特性では，そのことが私生活の様々な余裕をなくし小学校教師よりも〈育

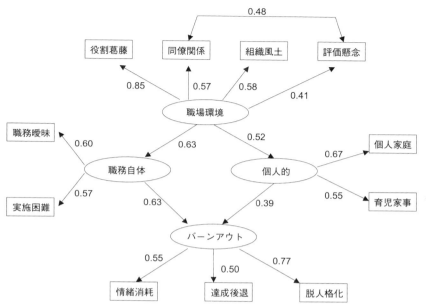

図3-5. 中学校教師のストレッサー・バーンアウト過程モデル

児・家事〉などの負担は量的には少ないもののストレッサーとしての影響が強いことが示された。言い方を換えれば，個人的ストレッサーを小学校よりも中学校ではかえりみることができないため，ストレッサーとして量的に増加した際に問題になりやすいと解釈できる。本節では学校種別の職業特性の比較につづき性別・年代を独立変数とした二元配置の分散分析を行うことで諸属性ごとのストレッサーとバーンアウト諸要因の比較を行う。

小学校および中学校教師をあわせたデータのストレッサーとバーンアウト各因子の平均得点を従属変数に性別および年代を独立変数とした二元配置の分散分析を行った。平均値および $SD$ 値，各検定の $F$ 値を示した概要を表3-3.に示す。また，交互作用が認められたものについては得点差の概要をグラフに示すこととした。

なお，データの内訳は20代男性38人，20代女性30人，30代男性145人，30代女性119人，40代男性122人，40代女性220人，50代男性30人，50代女性34人であった。

表 3-3. 性別・年代に基づいた各因子の得点比較

| 潜在変数 | 観測変数 | 20代 男 | 20代 女 | 30代 男 | 30代 女 | 40代 男 | 40代 女 | 50代 男 | 50代 女 | F値 年代 | F値 性別 | F値 交互作用 |
|---|---|---|---|---|---|---|---|---|---|---|---|---|
| バーンアウト | 情緒的消耗感 | 2.05 | 2.20 | 2.13 | 2.16 | 2.18 | 2.23 | 2.32 | 2.06 | 0.65 | 0.02 | 0.53 |
| | 達成感の後退 | 2.21 | 2.39 | 2.37 | 2.49 | 2.36 | 2.43 | 2.33 | 2.41 | 1.50 | 2.21 | 0.33 |
| | 脱人格化 | 3.10 | 3.42 | 3.02 | 3.30 | 3.02 | 3.30 | 2.59 | 3.14 | 1.80 | 15.91* | 0.30 |
| 職務自体の要因 | 動機づけの曖昧な職務 | 3.09 | 2.97 | 3.00 | 3.25 | 3.15 | 3.00 | 3.06 | 3.11 | 1.75 | 1.00 | 3.15* |
| | 職務の実施困難 | 2.42 | 2.65 | 2.38 | 2.53 | 2.44 | 2.43 | 2.40 | 2.48 | 1.78 | 4.95* | 2.00 |
| 職場環境の要因 | 役割葛藤 | 2.26 | 2.25 | 2.26 | 2.27 | 2.29 | 2.32 | 2.43 | 2.27 | 0.45 | 0.44 | 0.33 |
| | 同僚との関係 | 1.69 | 1.83 | 1.85 | 1.80 | 1.90 | 1.94 | 2.22 | 2.10 | 4.35* | 0.01 | 0.75 |
| | 組織風土 | 2.57 | 2.71 | 2.46 | 2.44 | 2.42 | 2.39 | 2.46 | 2.33 | 3.18* | 0.03 | 0.69 |
| | 評価懸念 | 2.40 | 2.53 | 2.06 | 2.36 | 1.97 | 2.28 | 2.17 | 2.19 | 5.35* | 2.18 | 0.57 |
| 個人的要因 | 個人・家庭の問題 | 1.75 | 1.91 | 2.20 | 2.39 | 2.31 | 2.58 | 2.50 | 2.62 | 17.19* | 1.51 | 0.31 |
| | 育児・家事 | 1.71 | 2.23 | 2.45 | 3.10 | 2.35 | 2.95 | 2.10 | 2.65 | 17.49* | 22.88* | 1.05 |

注) *$p < 0.05$

「バーンアウト」の3因子において〈情緒的消耗感〉と〈達成感の後退〉は性別,年代および交互作用ともに有意な差は見られなかった。〈脱人格化〉においては性別のみで有意な差が見られ女性の得点が高いことが明らかにされた。第1章で示したようにストレス反応やバーンアウトの得点については女性の得点の高さを報告する先行研究と性差が示されなかったことを報告する先行研究に分けることができる。しかし,本研究においては心理・情緒的ストレス反応で身体面の不調と相関が強い(田尾・久保,1997)とされる〈脱人格化〉においてのみ差が示された。ここでは年代差が見られなかったことから,男性と比べて体力差や身体的不健康への敏感さ(森本,1997)が反映されたと理解することができる。

「職務自体の要因」の2因子においては,〈動機づけの曖昧な職務の負担〉において交互作用が有意であった。概要を図3-6.に示す。

単純主効果の検定と多重比較を行ったところ有意な差が示されたのは30代女性教師が20代および40代と比べ有意に得点が高いことが示された。また,〈職務の実施困難〉については性差が有意であり女性教師の得点が高いことが明らかにされた。第2章では本章で測定した「職務自体の要因」のもととなった「職務ストレッサーに関する質問項目群」の測定を中学校教師を対象に行っており,そこでは動機づけの曖昧な職務の負担をたずねる各因子で年代差や交互作用が見られておりここでの結果と対象的な概要が示されている。

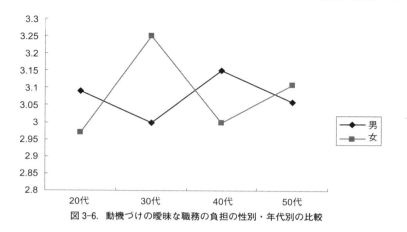

図 3-6. 動機づけの曖昧な職務の負担の性別・年代別の比較

　このことについては本章の検討が小学校教師も回答できる質問項目の作成を意図したことから中学校教師に特化した質問が削除されたり，表現などが比較的一般的なたずね方になった測定方法の差と，第2章のような3因子構造と本章の1因子構造の測定の差が原因であると推測できる。なお，職務の実施困難については第2章同様に年代別の差が見られず，このことがベテラン世代も20代世代同様に仕事の難しさを感じていることを示しているといえよう。

　「職場環境の要因」の各因子においては性別，年代および交互作用いずれも有意な差は見られなかった。つまり，こういった学校組織の環境の問題は年代という経験に関わる条件では統制できない"どの世代もそれぞれ大変である"と考えられる。

　「個人的要因」の〈個人・家庭の問題〉においては年代差が有意であり多重比較の結果20代と比べ他の全ての年代の得点が有意に高いことが示された。これは体力の低下や家庭をもつことでの私生活での自由度の低下が示されたものであると理解できる。〈育児・家事〉においては性差が有意で女性の得点が高いことが示された。また，年代差も有意であり多重比較の結果20代と比べ他の全ての年代の得点が有意に高いことが示された。結婚による家事や育児の問題は20代ではあまり男女ともに現実的な負担ではなく30代以降で高くなること，さらに男性より女性の負担が量的に多く認知されていることは経験的にも理解しやすい結果であったといえる。また，交互作用が示されなかったことについ

てはこの問題が女性だけでなく男性にも30代以降の特定の時期を境に生じる負担となっていることを示している。若い教師の活力の意義はこのあたりに存在し，90年代の高齢化した学校のリスクは，この影響を少なからず受けているといえよう。

## ◆第6節　総合考察◆

### (1) 教師のストレッサー・バーンアウト過程のメカニズムについて

　本研究で検討したモデルでは教師の職業ストレッサーは職務のストレッサーが大きく，かつ直接的にバーンアウトを規定している。一方で職場環境の諸ストレッサーは職務ストレッサーを調整する形で間接的にバーンアウトに影響を与えていた。この結果を質問紙の作成時にともに検討を行った小・中学校教師に示したところ「特殊な場合でない限り学校の雰囲気や同僚との関係だけで追いつめられることはないが，児童生徒との関係や仕事の内容の問題で追いつめられることはある。ただし，学校や学年の関係で仕事が過重に割り振られ，結果的に追いつめられることはよくあることである」との一致した見解が示された。ただ，これは職場環境の改善つまり学校経営のストレスへの影響力の少なさを示しているのではない。直接，職場環境の要因がバーンアウトを規定していなくとも，職場環境の職務配分が不適切であったり遂行支援が乏しければ，それは中長期的な結果としてバーンアウトにつながる。いずれにせよこのモデルが現職教師にとってもある程度は納得のいく文脈であることが確認された。学校組織を風土や文化として理解する先行研究においても，教育効果自体の背景に学校組織の分化や風土があり，その背景にリーダーシップであり構成員の個性が要因となっていると議論するものが多い（詳しくは露口, 1996)。

　社会心理学的研究のレビュー（稲葉, 1998）ではソーシャルサポートなどはストレッサー・ストレス反応過程におけるストレス抑制要因となる一方で，個人の期待にそぐわないサポートの内容やサポートの欠如が認知されると，その人間関係自体がストレッサーとなったり，ストッサーの影響力を促進するとする文脈モデルに当てはめて「職場環境の要因」を理解することができる。

　ストレス過程の流れとしては職務自体のストレッサーがまず増大していると

認知されるといえよう。その後に同僚や職場のもつ風土に援助を受けるなどにより満足感を感じれば職務自体のストレッサーの認知は抑制され，逆に不満を感じれば職務自体のストレッサーの認知は増大すると考えられる。こういった流れで調整された職務自体のストレッサーがバーンアウトを規定するといえる。社会心理学的要因のストレッサー・ストレス反応過程への文脈モデルを通しての影響は単純に相関係数や重回帰分析，共分散構造分析といった線型性のみを前提としない可能性などが議論されており，今後「職場環境の要因」の職務ストレッサーや，私生活，さらにストレス反応への影響は多角的に議論される必要があろう。

　ここから示唆される対策は，教師ストレスの最優先の対策は職務自体のストレッサーをどのように削減するかにあるといえる。第2章とのかかわりでいえば教師個人には職務の動機づけを高め，動機づけの曖昧な職務意識を変えることや，職務遂行上の能力の向上で，さらに学校単位の改善では効率的な職務遂行体制をつくることで職務遂行上の困難を緩和することが対策として考えられる。この視点に基づいた教師ストレス研究を次章で実施する。

　一方で，少し広くわが国の学校や教師の役割の定義から考えられる改善課題もあるように思われる。質問項目から判断しても分かるように，この問題は「学校の役割が過剰であると判断する」か，「学校の経営諸資源が教育目的の達成に対して過少であると判断するか」のいずれかである。前者は「学校のスリム化」の議論であり，後者は戦後から現在に至るまで一貫して課題になってきた学校の経営諸資源の不足と充実の議論につながる。前者は学校が担わなくなる教育活動を代わりに保障する機関や場所が存在しないとする議論と，後者は人事や予算の限界との調整が難しい。しかしながら，教師はどんな職務にでも動機づけを高められるわけでもなければ能力的な限界も個々人が有している。さらに，第2章で見たように教師の多忙化をもたらした歴史的背景はわが国の学校や教師の定義自体がもともと曖昧で，学校外の都合に受動的に対応したことに原因があるように感じられる。人事や予算さらに学校のスリム化の議論はむしろ教師のストレッサーの高さを根拠に学校外との交渉を行いつつ，教育における専門性を果たすための学校や教師の役割の明確化が必要であると考える。これらの議論はストレス研究とは別の教育経営学的な議論が必要になると思われる。

また，教師ストレスの対策として論じられることの多い学校組織の風土をリーダーシップにより良好にすることや，同僚間のサポートシステムを向上させるいわゆる同僚性の課題などは，職務自体のストレッサーを促進させないまたは抑制できるという意味で対策としての評価ができる。しかし，間接的にしかバーンアウトを規定していないことからストレス対策として論じるには限界のある予防的な次善の策として長期的効果を期待すべきであると理解される必要がある。さらに個人的見解であるが，同僚性や職員室の温かなサポートを現職教師以外が要求するのは，ただの現実から解離した議論にしかならないのではないかとも感じられる。いずれにしろ，今後教師ストレスの対策として政策論に関わる対策と，学校や学年での経営で可能な対策は区別した上詳しく検討される必要性と，職場改善の手続き，その職務遂行の円滑化や仕事のストレッサーが家庭のストレッサーをもたらす状況の予防について今後詳しく検討を行うことが教師のストレス改善に有意義であろう。

## (2) ストレッサー・バーンアウトに関わる属性の影響

　まずあげられるのが学校種別の差である。特に低ストレス組織である小学校で，個人的ストレッサーがストレス反応につながっていないのに対して，中学校では小学校よりも個人的ストレッサー得点が低いにもかかわらず，ストレス反応規定要因として成立していることに注目したい。このことは欧米の職業心理学でいうところの職業生活から私生活へのストレスの流出（例えば，Frone, Yardley, & Marken, 1997；Grzwacz & Marks, 2000）のメカニズムで理解できる。ストレスの流出とは，職業生活または私生活のどちらか一方のストレッサーが過剰となることで，もう一方のストレッサーを増大させストレス反応をもたらすとする仮説である。ここでは，中学校教師にとって中学校という職場は私生活を侵害するほど過剰な負担をもつ職場であることが示されたといえよう。

　また，メカニズム上で判断する限り職業上のストレッサーが私生活に対するストレッサーに影響を与えないように留意するには職務自体のストレッサーではなく職場環境のストレッサーといった単位学校あたりの個人に対する配慮が現実的に効果をもっていることも留意する必要があろう。さらに研究上も，本

第6節　総合考察

章のような様々な属性を有する個々人をあわせた全員を平均値として投入する相関・因果モデル，さらに線型性を前提としたモデルでの検討に慎重な解釈を行う必要を示唆している。いずれにせよ，特に中学校教師の仕事の過重性を詳しく把握しいかにストレスの流出を防ぐかが課題であるとともに，今後は小・中学校を分けてモデルや質問紙を設計するなど詳しい検討が求められるといえよう。

　次にあげられるのが性別，年代別の比較である。先行研究では女性教師のストレス反応の高さを報告する研究と，男性教師と差がなかったことを示す研究に分かれる。本研究のストレス反応における比較においては身体的ストレス反応との関係が強いとされる〈脱人格化〉のみ女性教師の得点が高かった。また，ストレッサーについては〈職務の実施困難〉と〈育児・家事〉において女性教師の得点が高く，男性教師のほうが高い因子はなかった。これは先行研究の多くが推測する仕事と家庭の両立の難しさの問題（21世紀以降ワークライフバランスに関する議論と同質のもの）を示唆した結果といえるのかもしれない。しかしながら，女性教師特有の問題を詳細に測定したわけではなく，統計的な有意な差も一部で見られた程度であるということもできるため，今後女性教師特有の職業ストレスへの問題を焦点化した研究が必要であるといえよう。

　年代についてはストレッサー・バーンアウトともに有意なものは〈育児・家事〉のみであった。年代差が見られなかったことは他の研究との比較の観点に立てば2点の特色があるといえる。1点目は先行研究の多くが推測するベテラン層の経験による有意が示されなかったと解釈することができる点である。そのため，第2章でも論じたように体力的または家庭的な自由度を考えれば20代教師よりも苦しい立場にあるといえるのかもしれない。2点目は第2章と異なり動機づけの曖昧な職務の負担をストレッサーとして認知する上で本章での結果は年代差が見られないという点である。原因としては質問項目数や因子構造の性格といった点と，第2章が中学校教師を対象としたのに対し，本章が小・中学校教師を対象としている点などの調査方法論上の違いが影響を与えた可能性が考えられる。本章のデータ数等ではこれらの原因については推測しか行えないため，学校種別や年代差の実態の解明は充分各属性でのデータ数を確保した上での今後の課題としたい。

## (3) 測定方法上の課題

　本章が行った調査ではMBIを除き先行研究を踏まえつつも独自に質問項目を作成している。そのため，α係数をはじめとした信頼性についてはかならずしも充分とはいえなかった。また「個人的要因」については項目数の少なさなどもあり統計的な因子の安定性と実態の詳細な測定において充分とはいえない部分がある。そのため，教師の職業ストレッサーの体系的な把握はできたとはいえ，今後より詳細で統計的に安定感があり，かつ回答する教師に過大な負担をかけない職業ストレッサー尺度の整備が求められよう。

　共分散構造分析でのモデルを概観すれば各潜在変数からそれぞれへの構成観測変数へのパス値が有意であるもののあまり大きくない傾向と，逆に，一部の潜在変数間を結ぶパス値が過大に大きい傾向が見られる。前者は先にとりあげた質問項目を構成する内容が尺度としてはまだ不充分な内容であることを示唆しているといえよう。また，後者は特にパス値の高い「職務自体の要因」と「バーンアウト」間のパス値の高さを考慮すれば測定した質問項目間の内容的類似性が存在した問題を示しているといえる。田尾・久保（1997）が示すようにMBIは比較的少ない項目数で対人専門職の心理的・情緒的ストレス反応と行動的ストレス反応を包括的に測定できるという長所をもっている。しかしながら，MBIは表3-1.に示したように児童生徒に対する否定的評価をたずねる内容などを含んでおり，これは「職務自体の要因」でたずねる児童生徒をめぐるストレッサーになりかねない場面の質問と類似したと推測することができる。このようなことは本研究のように職業ストレッサーとストレス反応を同時に測定し，両者の関係を検討する際にMBIを使用することが統計的な誤差を生む恐れが強く別のストレス反応を測定する方法を採用する必要性を示しているのかもしれない。

## (4) 教師ストレス研究の課題

　本章の検討を含めて，教師ストレス研究の多くは研究目的の設定においてストレス反応の実態把握と，それらの規定要因を探索的に検討する資料収集の段階であったといえる。当然，このことは有効な対策を仮定し実証的に検討を行い，具体的な対策を考慮するといった視点に限界があったことを意味する。ま

た，今後は対策のターゲットにも留意すべき点がある。主に臨床心理学的な視点がストレス反応とパーソナリティの改善をターゲットとする研究を志向するのに対し，社会心理学や教育経営学の立場での志向は職業ストレッサーが生じる個人とその背景である職場環境である個々の学校の相互の関係性の改善をターゲットとすることになる。つまり，教育経営や政策的な視点では，いかに職業上のストレッサーが削減できるような教師個人や学校単位でのストレス改善方策の提示につながるような量的研究が必要であろう。この課題意識をもとに本書では第4章の調査研究の議論を行う。

　一方，方法論や研究デザインの設計上の課題もある。まず，介入操作を論じうる調査設計については平井（2001）が論じるように，昨今の実証研究全般が尺度化を優先する中で対策や操作可能性をあまり考慮せず，はじめから抽象的な質問紙設計を行うことが多い問題を指摘している。そのような状況において考察できることは常に一般論や規範論を越えるものでなく具体的な対策を提示する視点に乏しいといわざるを得ず，基本的に本章の調査と分析も同様の限界を持っている。このことは特に小学校や中学校教師もしくは性別や年代別に特化した形でより具体的なストレス反応規定要因を測定・議論することや質的調査方法をとるなど調査方法の工夫により対処できると考えられる。

　次に，教師個人のメリットのあり方を追求する視点の必要性を指摘したい。この問題は多くの教師ストレス研究が教師の健康維持を主目的とするのか，教師の健康という前提で確保される教育活動の質の向上を主目的とするのか立場が曖昧であったことが指摘できよう。例えば，Travers & Cooper（1996）では教師のストレス対策として児童・生徒に関わる職務の内容でも専門的でないものはスリム化することやCooperら（1988）がとりあげたようなキャリア発達を阻害する要因の改善余地を指摘し，給与や契約の自由度の拡大や，専門分野ごとの技術の習得を給与や分掌に反映させるシステムの構築などを提案している。これらの指摘が我が国の状況や文化に適合するかどうかはまた別の議論が必要である。が，児童・生徒との関係上発生するストレッサーが教師の心身の不健康の大部分を占めている状況で，学校の諸資源は現状維持的な状況を前提としつつ，さらなるサービスの向上を目指すことを最優先課題とした場合，相対的に優先順位の低い職務のスリム化なくして，教師のメンタルヘルスの確保

に適切な対策を提示できるとは考えにくい。現実に提案される対策を導入するかはまた別問題としながらも，教師のメンタルヘルスを一次的に求めた対策の提案自体は実証的な研究が示していかねばならない課題であるといえよう。その上で教育に求められる課題と教師らの限界との調整を踏まえた現実的な対策の議論が必要であろう。

## 注　釈

(1)この時点ではストレッサーとしてキャリア発達の阻害をとりあげなかったものの，第4章以降ストレッサー・ストレス反応を抑制する要因としてキャリアカウンセリングの提唱するキャリア適応力の効果検討を行っている。詳しくは第4章にゆずるが，現実的で効果的なストレス改善につながりうる心理・態度に関わる要素であるといえよう。すでに議論した，ソーシャルサポートと対人ストレッサーが逆転項目的関係になりやすい点と同様に，キャリア適応力とキャリア発達阻害の質的な違いは本書では検討できていない。今後検討の余地があろう。

(2)当時の時点で個人的ストレッサーについては興味深い先行研究はあるものの，いずれも特定の属性に関するストレス反応の高さを示す議論（例えば「子供が2人以上いる教師はバーンアウトが高い」ことを示した宗像ら，1988など）が中心であり，尺度化されたものはなかなか見あたらなかった。これらを独自に10～20項目の質問項目群を作成することも模索したが，研究協力者である現職教師たちから異口同音に「仕事や職業の改善のために小一時間かけて質問紙に回答してくれるのであり，ここで『プライベートのことを根堀り葉堀り聞かれた』と思われては回答者が激減するであろう」と忠告を受け思いとどまった。その後，調査の自由記述欄にわずか5項目の質問項目としたが，それでも多くの回答者から不満がよせられた。このことは，その忠告の正当性を示すといえる。2014年末現在，教師のワークライフバランス問題の研究を試みる研究者から全く同様の困難を教えてもらうことが多い。貴重な忠告に感謝するとともに，教師のワークライフバランスをどのように実証的に議論したらいいのか今でも悩ましい研究課題であることを示している。

(3)このことは「個人的要因」と「バーンアウト」の関係は相関係数や重回帰分析，共分散構造分析で仮定するような線型性の関係ではないことを示唆している可能性がある。仮説的な議論になるが，育児・家事や私生活が気になる世代において「ちょうどいい」中程度の負荷である状況が最も適応的・健康的で，過少負荷と過重負荷となることが最も不適応・不健康的と仮定づけることができる。本書では検討できておらず，今後の研究課題としたい。

# 第4章 教師のストレス抑制要因の検討

## ◆第1節 ストレス抑制要因に関する研究の概況◆

### (1) 本章の目的

　職業ストレスに関する先行研究の成果を参考に第3章までに教師のストレッサー・バーンアウト過程の検討を通して，それぞれの構成要因実態や相互の関係性の議論を行ってきた。これらに続く研究課題として本章は教師のストレス反応やストレッサーを具体的に抑制する方法論となりうる要因の探索を行っていくこととする。そこで本章はこういったストレッサー・ストレス反応を抑制する方法論の議論につながるような要因（以下「ストレス抑制要因」）を先行研究の中から探り，数量的に測定し，効果の検討を行うことを目的とする。教師のストレス抑制要因やストレス介入に関する先行研究は数多く存在するが，ここでは第2・3章とのつながりの中で教師の能力や動機づけ，成長や発達に関する要因に注目した。

### (2) ストレス抑制要因に関する先行研究

　教師のストレス抑制要因に関する議論についてはソーシャルサポート（例えば，迫田・田中・淵上，2004：貝川，2004）やソーシャルスキル（例えば，河村，2001），ストレスマネージメント（例えば，高元，2003），自律訓練法（例えば，宗定・松岡，2002；中田・松岡，2002），アサーション（例えば，園田・中釜・沢崎，2002），教師間のピアサポート（例えば，池本，2004）など多様な研究や実践活動が積み重ねられてきた。それら数多くの抑制要因や実践的な技法の中で本章ではコーピングとソーシャルサポートを詳しくレビューでとりあ

げる。

　①**コーピング**：コーピングはストレス対処行動ともいわれストレッサーが認知された後に思考・行動面で行われる個人の反応である。そのため，ストレッサー・ストレス反応過程の中では個人的要因として扱われる。この概念の提唱者である Lazarus は環境から与えられる個人の認知する脅威に対し行う個人の反応としての認知的，行動的努力であるとしている（Lazarus & Folkman, 1984）。一般的にコーピングは問題自体に積極的に対応する積極的コーピングと，ストレッサーに耐えたり，自らを落ち着かせるための消極的コーピング，ストレッサーとは別の場面で憂さを晴らすといったあまり望ましくない行動から構成される逃避的コーピングの3つに分けることができる（例えば，佐藤・朝長，1991；Cooper, Cooper, & Eaker, 1988；森本，1997）。そのため適応を志向した積極的コーピングと，ストレッサー・ストレス反応過程に交互作用的に関わるとされる消極的コーピングがそれぞれ注目されてきた。一方で，Cherniss（1980）がバーンアウトを本人を守るために生じる適応の一つでありコーピングの一種と論じるように，逃避的コーピングはストレス反応自体と境界が曖昧であると指摘されている（田尾・久保，1996）。以下に，教師ストレス研究における先行研究をとりあげる。

　Travers & Cooper（1996）では Cooper ら（1988）の指摘するコーピング行動として容易に行えるものをとりあげている。そこでは，「問題の対処に優先順位をつける」や，「一定期間の間は特定の問題に注目する」，「時間の管理計画をたてる」などからなり，こういったコーピング行動を取る教師はストレス反応の水準が低いことを明らかにしている。これにより，彼らはいわゆる認知行動療法のA型行動パターンのケアプログラムなどの援用で教師のストレスに介入できると議論している。

　岡東・鈴木（1997）は教師のバーンアウトとコーピング尺度との関連の検討を行っている。その結果，積極的コーピングはバーンアウトと負の関係にあり，消極的コーピングは有意な関係が見られず，逃避的コーピングはバーンアウトと正の関係が存在することを明らかにしている。同時に，教師が取る積極的・消極的コーピングは一人でできるものに偏る傾向を指摘し，他者との調整や援助を求める傾向などが低いとの課題を指摘している。このことから教師には他

の職業ストレスの介入で行われるようなコーピングのプログラムが適用しにくいことを論議している。

若林（2000）は教師を対象としたコーピング行動の質問項目群を設定し，教師のコーピング行動の方略タイプの検討を行った。その結果，計画の模索や情報収集といった積極的タイプと，あきらめや責任転嫁といった消極的・回避的タイプに分かれることを明らかにしている。

一方，認知に特化したコーピングの中でストレス反応を規定するものに注目したものとしてハーディネスがある。ハーディネスとは状況や自らの感情を統制できるという個人的な信念でストレス反応を抑制する概念であり，幼稚園の教師のストレス反応において検討がなされている（例えば，塗師，1995；島崎・森，1995；西坂，2002）。その中で，西坂（2002）は幼稚園の教師の職業ストレッサーに関する質問項目群を作成し，いわゆる自己効力感とハーディネス，ストレス反応の関係性をモデルを通して検討している。その中で，自己効力感は主に職務ストレッサーを抑制し，ハーディネスは職場環境のストレッサーを抑制することを明らかにしている。また，自己効力感は直接ストレス反応を抑制しないものの，ハーディネスは直接ストレス反応を抑制する積極的な効果があったことを報告している。

②ソーシャルサポート：ソーシャルサポートとは稲葉（1992）によれば対人関係の中から手段的・情緒的援助を受けることで，本人のストレスが抑制されるという考え方である。そのため，個人的要因だけでなく環境的要因の双方を検討の対象としている。

田村・石隈（2001）は「指導・援助サービス上の悩み」として職務上のストレッサーを独自に尺度化し，ソーシャルサポート希求度に関する質問項目も設けることで，この2要因のバーンアウトの抑制状況を検討している。前者はストレッサーとしてバーンアウトと正の影響がある一方で，後者はストレス反応に負の影響がありソーシャルサポートを希求する個人特性がストレス反応の低下につながることを明らかにし，ソーシャルサポートを外部に求めるのを避ける教師への介入の有効性を指摘している。

Russell, Altmaier, & Velzen（1987）はソーシャルサポートの中で職務遂行上の援助的助言者の存在と，仕事について肯定的な評価をしてくれる他者の存在

がバーンアウトを規定していることを明らかにしている。Sarros & Sarros（1992）は認知された情緒的援助の量と，仕事の支援体制の枠組みの評価を測定し，後者がよりストレス反応の抑制に直接的な効果をもつことを明らかにしている。その中で特に校長・教頭のサポートの影響力が大きく，サポートの窓口としての重要性を指摘している。迫田・田中・淵上（2004）は管理職の中でも校長のソーシャルサポート源としての機能に注目し教師が校長からのソーシャルサポートを認知することでストレス反応が抑制されることを明らかにしている。

また，Travers & Cooper（1996）は同僚や上司，学校内外の組織との関係の良好さと援助関係の大きさの認知された量がストレス反応を抑制することを明らかにし，学校内でできる対策として心理面だけでなく仕事面でも援助を受ける枠組みを形作ることの重要さを指摘している。

他にも，同僚や上司との人間関係の良好さがストレス反応との負の相関をもつことを明らかにすることで，人間関係の良さをもとにソーシャルサポート的な効果を議論し，逆に人間関係の悪さをもとにそれらがストレッサーになると指摘する研究は多い（例えば，岡東・鈴木，1997；大阪教育文化センター，1996；伊藤，2000など）。

以上のように教師を対象としたソーシャルサポート研究が積み重ねられているが，入江（1998）が示すように1990年代末の研究概念としてのソーシャルサポートは道具的もしくは情緒的などのサポートの種類の区別や直接効果と緩衝効果の区別の議論，さらに実際のサポートの授受と知覚されたサポートの区別をした上での検討をその特徴としている。しかしながら，教師ストレスにおけるソーシャルサポートの検討はいずれの研究も職場での人間関係の良好さや人間関係に対する態度などとストレス反応の関係を直接効果の検証のみで分析を行っている。

## ◆第2節　キャリア発達研究におけるストレス抑制要因◆

### (1) ストレス抑制に関する先行研究の課題

これまで見てきたように教師のストレス抑制要因に関する研究は数多くの研

究がなされ成果も課題が提案できるほどに蓄積されている。本書ではこれら先行研究の成果や課題を参考としながら，教師の成長・発達に関する側面と職務ストレッサーへの抑制効果に注目し，職業心理学やキャリア心理学を参考としたストレス抑制要因を設定することとした。その中で職務ストレッサーとして個人と職場の間に存在する職務葛藤と，それらを受けて自律的な職業人としての発達を行う上での個人内変数であるキャリア適応力に注目し検討を行うこととした。

## (2) 職務葛藤

　本章は教師の職業ストレスを緩和しうる学校組織と教師個々人の職務遂行上の能力や動機づけに関係の深い要因を探索する目的からキャリア発達に関する諸研究に着目した。職業人にとってのキャリア発達とは，自らの職務遂行における能力や動機づけ，士気などからなる適性と変化し続ける職場環境からの様々な要請の間で生じる葛藤などからなる職業上の発達課題に適応する過程のことである。職業人のキャリア発達に注目することにより個人と職業双方にとっての利益のある対策を探ることがキャリア発達に関する研究の目的とされる（渡辺・ハー，2001）。

　ストレス抑制要因として学校現場での操作可能性に留意してストレッサーとしての教師個人と学校という職場双方の課題とその間に存在する問題に注目する。職業心理学・キャリア発達研究において職業人の自らの適性や希望の評価と職場環境から様々な職務の要請との間に生じる調和・葛藤の問題は基礎理論と定義され環境・個人調和理論などと表現されている（Chartrand & Camp, 1991）。これらの影響を受け産業・組織心理学では民間企業の職務内容の明確化と個人の希望や適性の測定とそれにあわせた人員配置，さらにそこからもたらされる効率の増大と負担やミスの低下を古くから検討してきた（外島，2000）。この測定により個人と職場環境双方への働きかけを行うことで，キャリア発達がなされるとされている（渡辺・ハー，2001）。つまり，個人の希望・適性と職場環境からの要請の葛藤は個人・職場環境双方に改善を目指した介入を行うものであり，操作可能性のある職務ストレッサーであると定義されているといえよう。

一方，職業ストレス研究においても類似した概念がストレッサーとして検討されている。職場環境と個人の役割観の葛藤によって生じる役割葛藤というストレッサーである（Schwab & Iwanicki, 1982）。岡東・鈴木（1997）はこの役割葛藤と職務における定義の曖昧性をあわせた「職務ストレス」に関する尺度を作成し，養護教諭のバーンアウトとの関係を検討している。また，本書第3章でも職業ストレッサーの中で職場環境の要因としてとりあげ，職務自体の要因を通して間接的にバーンアウトを規定することを明らかにした。

　先にあげたキャリア発達研究の基礎理論が個々の職務に関して個人の希望・適性量と職場からの要請量の葛藤を検討するのに対し，役割葛藤は職業における個人と職場で関わる他者（例えば，上司や同僚，児童・生徒，保護者など）との職務観の葛藤を検討するという違いが見られる。役割葛藤はすでに尺度化やバーンアウトへの影響力の検討がなされているものの，特定他者とのおおまかな役割観の相違を測定するため，詳細な職務の内容においてのどの部分に葛藤がおきているのか実態を明らかにすることができず，具体的な対策を議論しにくい。一方，キャリア心理学における基礎理論の視点では個別の職務において葛藤の実態を測定するため，問題の所在が明確になりやすい。加えて，職務観といった調整が難しい価値観を対象とするのではなく適性といった職務遂行上の能力や動機づけに関わる部分と，職場から分掌される職務の量やその理解・態度などの比較的操作の余地が大きい変数をもととしている。しかしながら，今のところ教師の成長と発達という視点からキャリア適応力についてストレス抑制の効果を検討したものはあまりない。

　なお，本研究は教師のストレス反応を規定するストレッサーの内容とその影響を検討することを目的とし，教師のキャリア発達を検証することを主目的とするわけではない。そのため，「職業心理学やキャリア心理学の基礎理論」という表現では似つかわしくないため，以後この要因を「職務葛藤」と表現することとした。

### (3) キャリア適応力

　先述のように職業人にとって個人と環境との間の職務における葛藤を測定することがキャリア発達研究にとって基礎理論となるものである。この葛藤の解

消が個人と職場環境の双方にとっての改善課題であり，この両者の葛藤の解消の支援となるような方法論を探ることがキャリア発達研究における応用的な課題となっている（渡辺・ハー，2001）。そのため，キャリア発達研究では個人と環境の間に存在する葛藤を調整するような要因が探索され，その効果の検討が様々な方法でなされてきた。例えば，適応力や活動力，自己効力感などの様々な要因の影響の検討がなされている（Dawis, 1994）。このような先行研究でとりあげられる要因は，前節でもふれたストレス抑制要因として論じられる要因も多い。

その中で本章は職業上の適応において操作可能性が高いと考え Super（1977）の提唱するキャリア適応力に着目することとした。キャリア適応力とは職業生活の中で個人にとっても仕事にとっても建設的な形で仕事との付き合い方を調整する思考や行動を行うための個人の適応力である。具体的には自らの適性や希望と職業や職場の要請する職務の内容の流動的な変化に気づき，自分なりの職業生活を送るために，それらを計画的・現実的に形作るための情報収集や具体的な計画を考察し，それに基づいて行動などを行い適応していくための能力であるとされる（Super, 1977；Super, Thompson, & Linderman, 1988 など）。

これにより新しく要請された職務の変化に自らを適応させていくだけでなく，職場からの要請と自分の希望・適性との葛藤を受け入れ，適応していくことで将来のキャリア発達の可能性につなげるなどして前向きに環境や負担に立ち向かうことができるとされる。キャリア適応力はこういった環境と個人の葛藤に適応しつつ乗り切ることを容易にし，この積み重ねの結果，健康を含めた健全な職業生活と専門職化がなしえると論じられている（Super, 1980；Super ら，1988）。

以上より，キャリア適応力を従来のストレス理論に当てはめれば，コーピングの認知処理（例えば，矢冨，1997）として機能することで職務ストレッサーの一種である職務葛藤を抑制・解消する効果とともに，職業ストレッサーにさらされても，その心理的影響力を緩和し不健康につながらないような緩衝効果が期待できる。特に，このキャリア適応力のストレス抑制要因としての特徴は認知や人格といった通常の職業人では変化の余地が少なく介入に難しさが存在する諸概念と異なり，基本的に思考や行動といった個人が能動的に変化を起こ

しやすい要因から構成されている点である（Super, 1980）。また，外部から教師個人のこのような思考や行動面を促すという介入の実施も他の認知や人格の変容を求める介入よりも現実的であると考えられる。

一方，渡辺・ハー（2001）が論じるように，この概念は事例研究などの質的な分析の中で論じられてきたものであり数量的な検証は積み重ねは充分ではなく，2003年当時の時点ではあまり尺度化などはなされていない。そこで，本研究は独自にSuper（1980）やSuperら（1988）の提示する内容を整理した質問項目群を作成することとした。

次節以降でストレッサーとしての職務葛藤と，ストレス抑制要因としてのキャリア適応力の効果をモデルを通して検討することとした。

## ◆第3節　調査方法◆

### (1)「職務葛藤」の測定について

教師個人の職務における希望・適性と職場環境における職務の要請から変数を合成することで教師の職務葛藤得点を算出することとした。そのため，まず，教師の日常担う職務を整理し，その希望・適性と職場環境での職務の要請をそれぞれ量的に測定する。教師の日常担う個別の職務については松本・河上（1986）や本書第2章の議論などをもとに教師の職務に関する調査を筆者が一覧表にして整理したものを，現職教師11名とともに項目の選別と文章表現を改めることとした。

職務の領域を整理する際には様々な視点があるが，ここでは教師の職務に関する意識の構造についてまとめた田村・石隈（2001）や本書第3章を参考に授業・学級経営などの集団指導と，危機管理や日常の児童・生徒とのコミュニケーションなどの個別の生徒指導，様々な職場内の意見の調整からなる学校組織の運営，校内の書類や情報の整理からなる事務的な職務の4特性を仮定した。各特性に5～6項目の質問項目を設定し計22項目で「教師の職務に関する質問」項目群を設けた。それぞれの職務について個人の希望・適性量は「自分にあった職務だと思う」，職務の要請量は「今，自分に求められている職務だと思う」という問いかけをすることで測定する。それぞれについて「1．全くそう思わ

ない」から「4．とてもそう思う」までの4件法で回答を求めた。得点が高いほど，希望・適性もしくは職務要請の評価量が大きいと定義する。

## (2)「キャリア適応力」の測定について

　先行研究に乏しい概念であるためSuperら（1988）のキャリア発達段階におけるキャリア適応力とその過程の考えを参考に項目群を作成することとした。Superら（1988）では個人にとっての職業生活の充実を求めるというキャリア発達の過程のなかで，まず自らの希望が熟成され，それが客観的で具体的な思考になり，最後に行動に移すことで現実化していくという順序が示されている。ここでは希望がより前向きで，思考の現実性や，行動がより積極的であることなどがキャリア適応力の高さであるとされている。

　本研究ではこれを参考に教職に対する希望や思考，行動の3特性を仮定して「キャリア適応力」を項目化させることとした。現職教師にこの概念を示し，議論を行いつつ質問項目を作成することとした。ここでは希望に関する質問として「これから教師をしていく上で"どうなりたいのか"，"どうしたいのか"といった仕事上の希望がある」など3項目，思考に関する質問として「自分に必要な能力や，仕事を充実させていく上での計画・見通しを持っている」など3項目，行動に関する質問として「本を読んだり，様々なことを見聞きするなど，仕事に必要な情報を今現在積極的に集めるように心がけている」など4項目などの計10項目からなる質問項目群を作成した。回答は「1．全くそうではない」から「4．とてもそうである」の4件法でたずねた。得点が高いほど，キャリア適応力が高いと定義する。

## (3)「ストレス反応」の測定について

　Cooper, Cooper, & Eaker（1988）によれば，ストレス反応とは心理・情緒的，身体的，行動的ストレス反応に分けることができるとされている。ここでは質問紙法に基づいて教師の職業ストレス反応に注目する視点から，心理・情緒的ストレス反応と，行動的ストレス反応に関わる内容を測定することとした。その中で，前者を測定するため教師ストレス研究において先行研究の数にもっとも恵まれたバーンアウトを測定の対象とする。

バーンアウト尺度にはMaslach & Jackson (1981) によって作成され田尾・久保 (1996) により邦訳版が作成されたMaslack's Burnout Inventory (以下「MBI」) と，Pines & Aronson (1988) によって作成され，宗像ら (1988) により邦訳版が作成されたBurnout Indexの2種類がある。第3章で使用したMBIは心理・情緒的問題である「情緒的消耗感」だけでなく，士気の低下などからなる「達成感の後退」や，心身症的傾向ももちながら同僚やクライエントへの人間関係の不全化などからなる「脱人格化」を測定する総合的な尺度である。このことは，心理・情緒的なストレス反応の高さだけでなく，サービスの質的・量的低下自体も把握できる点が利点である (田尾・久保, 1996)。一方で，BIは「情緒的消耗感」的なストレス反応に特化したバーンアウトの測定尺度であり，サービスの質的・量的低下は把握できない。

しかしながら，第3章での議論から職業ストレッサーとMBIの関係性を相関係数で検討した場合，極端な相関の高さが存在することを報告している。これは，MBIが同僚やクライエント，職務自体への評価や態度を項目として測定するため，同様に同僚やクライエントらとの間で生じるストレッサーや，職務遂行におけるストレッサーと内容的な類似性を抱えるために起こったものと指摘されている。そのため，職務ストレッサーである職務葛藤尺度を独立変数にする本研究においてMBIの使用はあまり適切ではないといえる。そこで，本研究はBIとともに，BIでは把握できないサービスの質的・量的の低下と関わりの深い行動的ストレス反応の項目を設けることとした。

宗像ら (1988) のBI (22項目) を採用した。回答については「1．全くそうではない」から「4．とてもそうである」の4件法で尋ねた。

「行動的ストレス反応に関する質問」項目群は横山ら (1988) を参考に典型的な行動的ストレス反応をリスト化し現職教師とともに文面の調整を行うことで質問項目を作成した。仕事上のミスや効率の低下など8項目を「1．全くそうではない」から「4．とてもそうである」の4件法でたずねた。得点が高いほど，ストレス反応が大きいと定義する。

**(4) 調査概要**

①**調査時期**：2003年10月～12月

②**調査対象**：O県の小・中学校に7,900部，H県小・中学校に250部配布した。有効回答数O県3,551部，H県150部の合計3,701部（有効回収率45.4％）を分析の対象とした。

また，質問紙の項目の信頼性を検討するため55名の教師に11月と3月末の二度回答を求めた。同一人物の前後調査の同一項目との相関を検討したところ，各項目ともピアソンの相関係数が最低の項目でも0.85を超えるため一応の信頼性が得られたと考えられる。この55名の回答については11月回答のもののみを分析対象とした。

### (5) 仮説モデルの設定

本研究が検討する仮説モデルを図4-1.に示す。まず，職務における要請と個人の希望・適性の量的な食い違いをもって「職務葛藤」得点を合成する（①）。次いで，「職務葛藤」と，「キャリア適応力」，「ストレス反応」それぞれの諸要因の構造化を因子分析で検討する。

「職務葛藤」はストレッサーとして定義されるため「ストレス反応」へ与える影響をもつと仮定する（②）。「キャリア適応力」はSuperら（1988）の仮定上，職場環境と自らの葛藤を前向きに処理できると論じられることから「職務葛藤」自体を縮小する効果（③）と，「職務葛藤」が高くとも「ストレス反応」

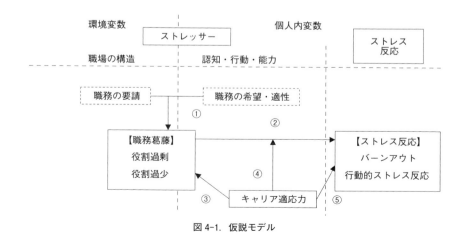

図4-1. 仮説モデル

への影響を緩和する効果（④），さらにストレス反応自体を軽減する効果（⑤）を仮定する。

　本節ではまず，職務葛藤における職務過少と職務過剰のストレッサーとしての影響力を検討しつつ小学校教師と中学校教師のデータを分けた上でモデルの検討と得点の比較を試みることとした。

　なお，本研究の分析において仮定する各要因名については「　」で，観測変数となる各因子については〈　〉で示す。

## ◆第4節　教師の職務葛藤とキャリア適応力がストレス反応に与える影響の検討—基礎モデルの検討—

### (1) 合成変数「職務葛藤」の作成と，各尺度の構造

　「職務の要請」項目群における当該項目の得点から「個人の希望・適性」得点群の当該項目の得点を差し引き，「職務葛藤」得点とする。

　構造化については合成変数「職務葛藤」22項目，「キャリア適応力」10項目，ストレス反応に関する質問計29項目それぞれについて因子分析（最尤解，プロマックス回転）を行った。因子分析を行う上で，いずれの因子も固有値が少なくとも1以上になること，1因子の構成項目数が少なくとも3項目以上であることの2点をもとに因子数が設定された。また，因子の構成項目はいずれかの因子に負荷量0.4以上の値をもつことを条件とし，それを満たさない項目については取り外した上で再度因子分析を行う手順をとった。

　「職務葛藤」に関する因子構造はいずれの因子にも因子負荷量0.4未満の2項目を取り外し3因子解が適当とされた。第Ⅰ因子はもともと仮定した「学校組織の運営」と「事務的な作業」がまとまって1つの因子となったため〈職場環境職務〉（α係数＝0.90）とされ，第Ⅱ因子，第Ⅲ因子はほぼ仮定通りの項目から構成されたため，それぞれ〈授業・学級経営職務〉（α係数＝0.88），〈個別の生徒指導職務〉（α係数＝0.92）と命名された。

　「キャリア適応力」については仮定した10項目でそのまま1因子解（α係数＝0.88）が適当とされた。

　「ストレス反応」についてはもともと「行動的ストレス反応」に関する質問項目群と仮定されていた3項目がとりはずされた結果，バーンアウト尺度と行動

第4節 教師の職務葛藤とキャリア適応力がストレス反応に与える影響の検討　93

表4-1. 教師の「職務葛藤」項目群における因子構造

| | | | |
|---|---|---|---|
| 因子Ⅰ＜職場環境職務＞因子 | | | |
| 19)「PTA，地域などとの関わりや調整の中で取りまとめ役や調整役として能力を発揮すること」 | 0.82 | -0.04 | -0.05 |
| 17)「職員会議や学年会，校務分掌などでの部会における取り決めの際に積極的な提案役や調整役となること」 | 0.79 | -0.07 | 0.09 |
| 18)「教育委員会や児童相談所といった学校外の関係機関と協力が必要な活動において取りまとめ役や調整役となること」 | 0.79 | 0.00 | -0.06 |
| 21)「同僚教師の職務遂行の援助やアドバイスを行うこと」 | 0.74 | -0.12 | 0.01 |
| 20)「必要が生じた予算や物品，時間の確保やそれを手に入れるための調整や交渉を行うこと」 | 6.92 | -0.01 | -0.10 |
| 16)「学校行事・諸活動において児童の安全確保や指導上効率のいい計画を立てること」 | 0.64 | 0.08 | 0.11 |
| 15)「パソコンなどで，成績や学籍簿の処理・工夫を校内で積極的・中心的に行うこと」 | 0.63 | 0.02 | -0.04 |
| 13)「教育課程や特別活動における計画や，工夫に関して積極的な提案役や調整役となること」 | 0.59 | 0.28 | -0.07 |
| 14)「同僚職員の人間関係の調整やその中でのムードメーカーとして協調性を発揮すること」 | 0.57 | -0.05 | 0.14 |
| 12)「研究指定や研修の幹事，その発表や報告書の作成などにおいて積極的な役割を担うこと」 | 0.49 | 0.35 | -0.16 |
| 因子Ⅱ＜授業・学級経営職務＞因子 | | | |
| 8)「不登校や引きこもり，過度の大人しさなどの非社会的行動の問題を予防・解決していくこと」 | -0.02 | 0.88 | -0.11 |
| 10)「コミュニケーションや相談を聞くことなどで児童生徒の積極的な理解をはかること」 | -0.03 | 0.76 | 0.04 |
| 9)「学習不振の対処や個別の学習指導などの効果的な指導を行うこと」 | -0.06 | 0.70 | 0.12 |
| 11)「児童生徒や保護者との関係の中で意見の調整や説得を行うこと」 | 0.11 | 0.64 | 0.07 |
| 5)「特殊教育的な視点や指導・対処の仕方をしていくこと」 | 0.03 | 0.62 | 0.06 |
| 6)「児童生徒のいじめや暴力といった反社会的な行動を予防・解決していくための指導を行うこと」 | -0.02 | 0.52 | 0.36 |
| 因子Ⅲ＜個別の生徒指導職務＞因子 | | | |
| 1)「児童生徒をひきつけたり，効率的な学習になるような授業の工夫や展開を考えること」 | 0.00 | -0.05 | 0.86 |
| 2)「担任する，または関わりのあるクラスの児童生徒をうまくまとめていくこと」 | -0.04 | 0.06 | 0.85 |
| 3)「児童生徒が集団行動をしっかりとできるような指導をしていくこと」 | -0.01 | 0.05 | 0.81 |
| 4)「地道な教材研究や授業の準備，学級の環境整備を行うこと」 | -0.05 | 0.29 | 0.49 |
| いずれの因子にも属さなかった項目 | | | |
| 7)「進路指導や進学に関わる指導を効果的に行っていくこと」 | 0.01 | 0.25 | 0.32 |
| 22)「児童生徒とのレクレーション（中学校では部活も含む）などに，積極的に取り組むこと」 | 0.31 | -0.21 | 0.35 |
| 相関行列 | 1.00 | 0.58 | 0.41 |
| | 0.58 | 1.00 | 0.65 |
| | 0.41 | 0.65 | 1.00 |

表 4-2.「キャリア適応力」項目群における因子構造

| | |
|---|---|
| 6)「これから教師をしていく上で"どうなりたいのか","どうしたいのか"といった仕事上の希望がある」 | 0.74 |
| 3)「これから教師としてどう成長していくといいのか，将来の自分の姿について考えることが多い」 | 0.69 |
| 4)「これから教師をしていく上で自分の成長に必要な力や自分の姿について考えることが多い」 | 0.67 |
| 5)「自分の職業生活を後悔しないように今現在自分の考えや信念に沿って行動している」 | 0.67 |
| 1)「本を読んだり様々なことを見聞きするなど，仕事に必要な情報を今現在積極的に集めるよう心がけている」 | 0.63 |
| 10)「自分に必要な能力や，仕事を充実させていく上での計画・見通しを持っている」 | 0.62 |
| 9)「自分が今なりたい様な教師になっていくには自分の自主性や，これからの努力しだいだと思う」 | 0.51 |
| 2)「"自分は何のために働いているのか"よく考える」 | 0.48 |
| 7)「今現在の自分の職業生活が充実しにくいのは，自分ではどうしようもないことが多すぎるからだと思う」（逆転項目） | 0.46 |
| 8)「教師を続けていく上で，自分にどんな能力が必要なのかわかっているけれども，今現在具体的な努力に移ることができない」（逆転項目） | 0.43 |

的ストレス反応がそれぞれ別々の因子となる2因子解が示された。そのため，因子Ⅰが〈バーンアウト〉（α係数 = 0.94），因子Ⅱが〈行動的ストレス反応〉（α係数 = 0.82）と命名された。以上の結果を表 4-1．，4-2．，4-3．に示す。α係数の側面から内的整合性が確認できたといえる。

本節では教師の職務葛藤における職務の過剰と過少を区別して検討するため，各項目において職務葛藤得点がプラスの項目のみをとりあげマイナスの得点は0点として扱った上で各因子に平均したものを職務過剰得点とし，各項目において職務葛藤得点がマイナスの項目のみをとりあげプラスの得点は0点として扱った上で各因子に平均したものを職務過少得点として扱う。

### (2)「職務葛藤」の実態

「職務葛藤」の実態を把握するために各因子の職務の要請量と，希望・適性量平均得点をグラフ化したものを示す（図 4-2a．，4-2b．）。それぞれの2本のグラフの差が「職務葛藤」のおおよその実態として把握できる。Travers & Cooper（1996）では職務葛藤の問題について教師のインタビューをもとに職務要請量の過剰と過少の問題を区別して論じているが，わが国の小・中学校教師全体の傾向を概観すれば「職務葛藤」の問題はおおむね職務要請量の過剰の問題であると認識できよう。また，この図 4-2a．，4-2b．より教師にとって要請を

第4節　教師の職務葛藤とキャリア適応力がストレス反応に与える影響の検討　95

表4-3.「ストレス反応」の因子構造

| | | |
|---|---|---|
| 因子Ⅰ＜バーンアウト＞因子 | | |
| 3)「いい一日を過ごせたと思う」（逆転項目） | 0.96 | -0.33 |
| 6)「幸福感を持って一日を過ごせることが多い」（逆転項目） | 0.87 | -0.21 |
| 18)「楽観的な気分でいられることが多い」（逆転項目） | 0.71 | -0.10 |
| 19)「いつも元気いっぱいである」（逆転項目） | 0.77 | -0.07 |
| 2)「いつも憂鬱な気分である」 | 0.64 | 0.18 |
| 5)「いつも神経がすり減った感じがする」 | 0.61 | 0.20 |
| 4)「いつも精神的に疲れている」 | 0.59 | 0.22 |
| 8)「気分的に常に面白くない」 | 0.58 | 0.26 |
| 21)「"生活が荒れているなぁ"と感じることが多い」 | 0.54 | 0.00 |
| 9)「精根尽き果てた気持ちになることが多い」 | 0.53 | 0.31 |
| 11)「"自分は駄目な人間だ"と思うことが多い」 | 0.53 | 0.20 |
| 12)「うんざりした気分になることが多い」 | 0.51 | 0.35 |
| 7)「抜け殻になったような気分になることが多い」 | 0.48 | 0.32 |
| 20)「何かと心配しがちである」 | 0.45 | 0.21 |
| 15)「無力感を感じることが多い」 | 0.45 | 0.35 |
| 13)「いつも何か悩んでいる」 | 0.45 | 0.28 |
| 7)「抜け殻になったような気分になることが多い」 | 0.48 | 0.32 |
| 16)「絶望感を感じる」 | 0.43 | 0.35 |
| 10)「"こんなはずじゃなかった"という気持ちになることが多い」 | 0.43 | 0.37 |
| 14)「人間嫌いになって何かと腹を立ててしまうことが多い」 | 0.41 | 0.32 |
| 1)「いつも身体が疲れている」 | 0.41 | 0.25 |
| 因子Ⅱ＜行動的ストレス反応＞因子 | | |
| 24)「ミスが多くなっている」 | -0.32 | 0.92 |
| 25)「ものごとに集中できない」 | -0.17 | 0.90 |
| 26)「根気よく物事にとりくめない」 | -0.19 | 0.86 |
| 22)「仕事の能率が上がらない」 | -0.21 | 0.80 |
| 23)「気分の切り替えがうまくいかない」 | 0.01 | 0.64 |
| いずれの因子にも属さなかった項目 | | |
| 27)「気持ちよく笑うことが少なくなった」（逆転項目） | 0.45 | 0.50 |
| 28)「以前はなんとも無かったことでカッとすることが最近多い」 | 0.33 | 0.31 |
| 29)「欲求不満で気晴らしに趣味や飲酒、喫煙、暴食にのめりこむことが多い」 | 0.18 | 0.31 |
| 相関行列 | 1.00 | 0.66 |
| | 0.66 | 1.00 |

高く受け，希望も高い職務の因子は〈授業・学級経営職務〉，〈個別の生徒指導職務〉，〈職場環境職務〉の順になっていることが把握できる。これは教師個人および学校現場が認識する職務の優先順位とも言い換えることができよう。

　松本・河上（1986）や北神（2001）は教師の職務意識の中で職務の優先度の比較を検討しているが，本研究の結果とほぼ同様に授業や学級経営に関わる集団指導的性格をもった職務が優先度のもっとも高い部分にあげられ，次いで個

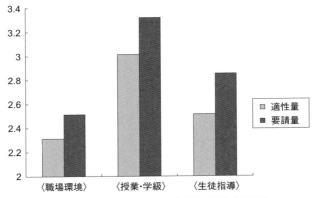

図 4-2a. 役割における適性・要請量の比較（小学校）

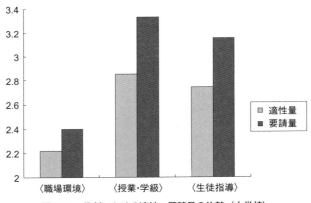

図 4-2b. 役割における適性・要請量の比較（中学校）

別指導や個別の生徒指導であり，事務的な職務や同僚との調整や情報交換などはもっとも低い位置づけにおかれていた。

また，職務についての個人の適性・希望感と職場での要請量の比較の問題については Travers & Cooper（1996）では仕事量が能力に比べ高い状態を職務の過剰によるストレスとし，逆に希望や能力の高さに対して仕事量が少なすぎる適性を活かせない状態を職務の過少によるストレスとしている。その上で教師ストレッサーの過少と過剰それぞれの性格の違いを把握した改善の在り方を考える必要性を指摘している。この視点の議論はモデルの検討を行った後に議論

を行うこととした。

## (3) モデルの検討

ストレッサーとしての「職務葛藤」とストレス抑制要因としての「キャリア適応力」が「ストレス反応」におよぼす関係を階層的重回帰分析で検討した。また，交互作用の検討として，当該職務因子と〈キャリア適応力〉因子の積を独立変数として加えた。階層的重回帰分析の結果 $p<0.05$ で有意なものをパスとして採用し，パス図にその $\beta$ 値を加えることとした。結果を図4-3a.，4-3b.

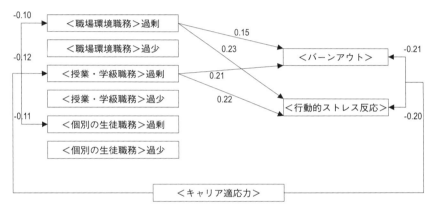

図4-3a. 職務葛藤とキャリア適応力がストレス反応に与える影響（小学校）

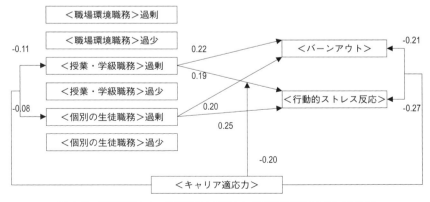

図4-3b. 職務葛藤とキャリア適応力がストレス反応に与える影響（中学校）

98    第4章 教師のストレス抑制要因の検討

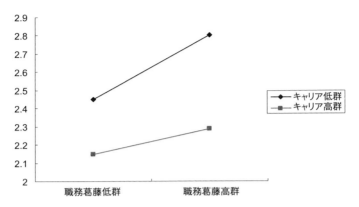

図4-4. 個別の生徒指導職務・バーンアウト過程におけるキャリア適応力の緩衝効果（中学校）

に示す。いずれについても共通して「職務葛藤」各因子および，〈キャリア適応力〉の主効果が認められた（図4-1.の②，⑤）。なお，交互作用は中学校における「ストレス反応」〈バーンアウト〉を目的変数とし「職務葛藤」〈個別の生徒指導〉と〈キャリア適応力〉を独立変数とする交互作用のみが確認された（図4-1.の④）。

　中学校教師のモデルで確認された交互作用の詳細を検討するため，中学校教師の〈授業・学級経営職務〉と〈キャリア適応力〉をそれぞれの得点分布をもとに3分点により3群に分けた。一番高い群を高群，低い群を低群とした上でそれらを説明変数とし，「ストレス反応」2因子を目的変数とした二元配置の分散分析を行った。結果を図4-4.に示す。

　〈個別の生徒指導職務〉因子と〈キャリア適応力〉因子を説明変数，〈バーンアウト〉を目的変数とした2元配置の分散分析を行った（$F(3,1475) = 27.910$）。全ての主効果および交互作用が$p<0.001$で有意であった。多重比較を行ったところ，〈個別の生徒指導職務〉低群・〈キャリア適応力〉低群と〈個別の生徒指導職務〉低群・〈キャリア適応力〉高群の差が有意であり，〈個別の生徒指導職務〉高群・〈キャリア適応力〉低群と〈個別の生徒指導職務〉高群・〈キャリア適応力〉高群との差が有意であった。また，〈個別の生徒指導職務〉低群・〈キャリア適応力〉低群と〈個別の生徒指導職務〉高群・〈キャリア適応力〉低群との

差が有意である一方で、〈個別の生徒指導職務〉低群・〈キャリア適応力〉高群と〈個別の生徒指導職務〉高群・〈キャリア適応力〉高群の差が有意ではなかった。

### (4) 考　察

　本章は教師個人と学校という職場環境双方にとって改善の可能性があるストレッサーとして職務葛藤に注目し検討を行った。「職務葛藤」がストレッサーということが確認できたため、この改善がそのままストレッサー自体の削減に繋がり、バーンアウトおよび行動的ストレス反応の抑制につながると言い換えることができる。残念ながらこの内容を詳しく検討した先行研究はあまりないが、本研究の結果において図4-2a.、4-2b.からわかるように教師の職務葛藤の問題は全体的に Travers & Cooper（1996）がいうところの職務の過剰によるストレッサーがほとんどであるといえる。また、図4-3a.、4-3b.からもわかるように職務の過少状態は「ストレス反応」を規定しておらずストレッサーとはいえない。つまり、教師にとって適性や希望にあった職務ができないことがストレッサーとなるのではなく、適性や希望を超える状況がストレッサーとなっているといえる。

　また、本節で行ったモデルの検討でキャリア適応力は児童・生徒に関わる職務の領域においてストレッサーである職務葛藤と職業ストレス反応の中のバーンアウトおよび行動的ストレス反応をそれぞれ軽減することが認められた。このことからキャリア適応力はストレッサー・ストレス反応抑制要因として機能しているといえる。さらに、キャリア適応力はストレッサーである職務葛藤からストレス反応に至る流れを緩和する交互作用の効果が中学校教師の〈個別の生徒指導職務〉の過剰においてのみ認められた。つまり、キャリア適応力は児童・生徒に関わる職務葛藤やストレス反応は抑制できても、すでに認知した職務葛藤のストレス反応への流れを緩和する交互作用は広くは認められないといえる。このことは小・中学校教師全般を見た場合、キャリア適応力がストレッサーを未然に予防し、その積み重ねとしてストレス反応を抑制する予防的なストレス対策となる一方で、すでに認知した職務葛藤をストレス反応に結び付けない緩衝的な効果は部分的にのみしか確認できなかったという文脈で理解できる。

以上より小学校教師および中学校教師としての全体モデルとしては緩衝効果が見られる状況が限定的であるとともに，職務葛藤の問題において職務過少の問題はストレッサーとしてはほぼ無視できるものであることが明らかになった。

　緩衝効果がここでは積極的に見られなかったことについては小学校教師と中学校教師という大きな区分で検討することの限界といえるのかもしれない。紅林（1998）は教師のライフコースを分析する中で30代までが技術を身につけ教師という職業についていることに疑問を感じたりしながら，教師という職業をアイデンティティの中に受け入れる時期としている。一方，30代・40代の間は仕事と家庭の両立を考えた上での仕事へのウェイトのおき方やリーダーシップを求められる状況を見据えた他の教師との調整力や指導力の発揮といった自分なりの職業アイデンティティを形作る時期としている。つまり，本章で測定した職務葛藤とキャリア適応力はこういった年代を背景とした検討が課題であるといえる。

　そこで，次節では職務葛藤を過剰・過少に分けることなく，また年代という属性ごとに各要因の得点およびモデルを通した関係性の検討を行う事で議論を深めることとした。

## ◆第5節　教師の職務葛藤とキャリア適応力がストレス反応に与える影響の検討─年代別のモデルの検討─◆

### (1) 年代ごとの「職務葛藤」「キャリア適応力」および「ストレス反応」得点の比較

　まず，職務過剰と過少を区別しないため各項目における当該「職務の要請」得点から，当該「個人の希望・適性」得点を差し引き，その値に絶対値をかけたものを因子における代表値とした。

　「職務葛藤」3因子と「キャリア適応力」および「ストレス反応」2因子の得点の年代比較を行うこととした。それぞれの因子ごとに一元配置の分散分析による比較を行った。その結果を表4-4.に示す。

　職務葛藤について，〈職場環境職務〉は年代間で有意な差がなく，〈授業学級経営職務〉および〈生徒指導職務〉については20代が40代・50代と比べ有意に得点が高く，40代は50代より有意に得点が高かった。このことから，おおむね

表 4-4. 各因子における年代ごとの得点比較（一元配置の分散分析）

| | 20代 | 30代 | 40代 | 50代 |
|---|---|---|---|---|
| 〈職場環境職務〉 | 0.39(0.45) | 0.36(0.44) | 0.39(0.46) | 0.37(0.47) |
| 〈授業・学級経営職務〉 | 0.68(0.60)[b] | 0.57(0.55)[ab] | 0.48(0.51)[ab] | 0.37(0.45)[a] |
| 〈個別の生徒指導職務〉 | 0.63(0.58)[b] | 0.56(0.57)[ab] | 0.50(0.53)[a] | 0.39(0.47)[a] |
| 〈キャリア適応力〉 | 3.00(0.37)[c] | 2.87(0.37)[b] | 2.75(0.37)[a] | 2.78(0.41)[a] |
| 〈バーンアウト〉 | 2.03(0.54)[a] | 2.10(0.54)[ab] | 2.19(0.53)[b] | 2.21(0.55)[b] |
| 〈行動的ストレス反応〉 | 2.20(0.53)[a] | 2.26(0.59)[a] | 2.37(0.60)[b] | 2.41(0.62)[b] |

注）添え字は Turkey 法による有意差を示す。

児童・生徒を対象とする職務葛藤は年代を経るごとに低下しているといえる。

一方，「キャリア適応力」については20代が有意に他の全ての世代より得点が高く，さらに30代は40代・50代よりも有意に得点が高かった。

「ストレス反応」における〈バーンアウト〉は20代よりも40代・50代が有意に得点が高かった。また，行動的ストレス反応については20代・30代と比べ40代・50代が有意に得点が高かった。

紅林（1998）が指摘するように20代は授業や学級経営および生徒指導といった教師の職務の中核において葛藤を他の年代より感じている事が明らかになったといえよう。また，この葛藤は20代と30・40代，50代というように段階的に下がっていっていた。一方で，紅林（1998）が指摘するような管理職を見据えた同僚との調整力や指導力といったものを含む〈職場環境職務〉はどの年代も葛藤量に差が見られなかった。

### (2) 年代に基づいたモデルの比較

次いで，「職務葛藤」3因子と「キャリア適応力」が「ストレス反応」2因子を規定するメカニズムを年代ごとに検討することとした。図 4-1.における因子間の直接効果（図 4-1.における②，③，⑤）は階層的重回帰分析をもとに検討を行いパス図に表記することとした。また，「キャリア適応力」と「職務葛藤」が「ストレス反応」へ与える交互作用については，「職務葛藤」3因子と「キャリア適応力」のそれぞれの因子平均得点の積で計算された3つの変数を説明変数とし，「ストレス反応」2因子をそれぞれ目的変数とする階層的重回帰分析を行った。その結果，$p<0.05$で有意な関係のもののみをパス図に記述することとした。このような手続きにおいて検討された，20代，30代，40代および50代

102  第4章 教師のストレス抑制要因の検討

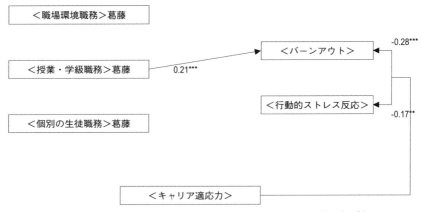

図 4-5a. 職務葛藤とキャリア適応力がストレス反応に与える影響（20代）

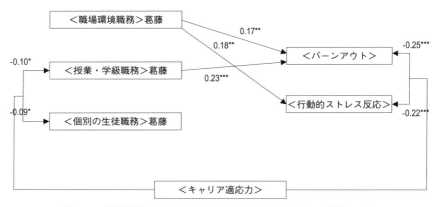

図 4-5b. 職務葛藤とキャリア適応力がストレス反応に与える影響（30代）

注）有意確率は *：$p<0.05$，**：$p<0.01$，***：$p<0.001$

のパス図を図 4-5a. 〜 4-5d. に示す。

　本章では「職務葛藤」をストレッサーと定義してきたが，20代および50代では，「職務葛藤」が「ストレス反応」を規定していない場合も多い。また，「職務葛藤」における〈個別の生徒指導職務〉における葛藤因子はどの年代においても有意に「ストレス反応」を規定していなかった。このことは特定の年代や職務内容において職務葛藤はストレッサーとして成立していない状況が見受けられる。

第5節 教師の職務葛藤とキャリア適応力がストレス反応に与える影響の検討 103

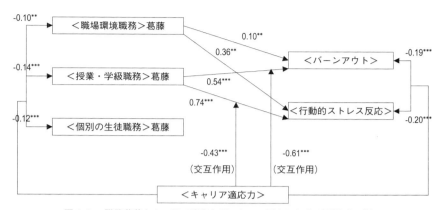

図4-5c. 職務葛藤とキャリア適応力がストレス反応に与える影響（40代）

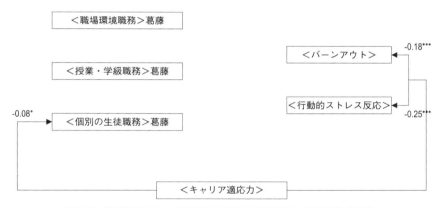

図4-5d. 職務葛藤とキャリア適応力がストレス反応に与える影響（50代）

注）有意確率は *: $p<0.05$, **: $p<0.01$, ***: $p<0.001$

　一方で，30代と40代においては〈職場環境職務〉および〈授業・学級経営職務〉の葛藤因子が「ストレス反応」を規定していた。特に，40代においては，いずれの「ストレス反応」因子においても「職務葛藤」における〈授業・学級経営職務〉の葛藤と〈キャリア適応力〉の交互作用が見られた。この詳細を検討するため，40代における回答者を〈授業・学級経営職務〉と〈キャリア適応力〉それぞれの得点分布をもとに3分割し，一番高い群を高群，低い群を低群とした上でそれらを説明変数とし，「ストレス反応」2因子を目的変数とした二元配

置の分散分析を行った。

〈授業・学級経営職務〉因子と〈キャリア適応力〉因子を説明変数,〈バーンアウト〉を目的変数とした2元配置の分散分析を行った（$F(3,947) = 20.505$）。全ての主効果および交互作用が$p<0.001$で有意であった。多重比較を行ったところ,〈授業・学級経営職務〉低群・〈キャリア適応力〉低群と〈授業・学級経営職務〉低群・〈キャリア適応力〉高群の差が有意であり,〈授業・学級経営職務〉高群・〈キャリア適応力〉低群と〈授業・学級経営職務〉高群・〈キャリア適応力〉高群との差が有意であった。また,〈授業・学級経営職務〉低群・〈キャリア適応力〉低群と〈授業・学級経営職務〉高群・〈キャリア適応力〉低群との差が有意である一方で,〈授業・学級経営職務〉低群・〈キャリア適応力〉高群と〈授業・学級経営職務〉高群・〈キャリア適応力〉高群の差が有意ではなかっ

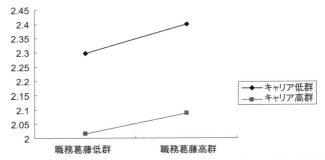

図4-6a. 授業・学級経営職務・バーンアウト過程におけるキャリア適応力の緩衝効果

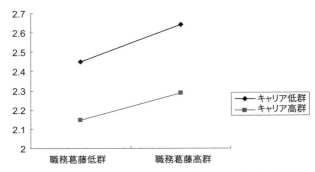

図4-6b. 授業・学級経営職務・行動的ストレス反応におけるキャリア適応力の緩衝効果

た。概要を図4-6a.に示す。

〈授業・学級経営職務〉因子と〈キャリア適応力〉因子を説明変数，〈行動的ストレス反応〉を目的変数とした2元配置の分散分析を行った（$F(3,948) = 32.891$）。全ての主効果および交互作用が$p < 0.001$で有意であった。多重比較を行ったところ，〈授業・学級経営職務〉低群・〈キャリア適応力〉低群と〈授業・学級経営職務〉低群・〈キャリア適応力〉高群の差が有意であり，〈授業・学級経営職務〉高群・〈キャリア適応力〉低群と〈授業・学級経営職務〉高群・〈キャリア適応力〉高群との差が有意であった。また，〈授業・学級経営職務〉低群・〈キャリア適応力〉低群と〈授業・学級経営職務〉高群・〈キャリア適応力〉低群との差が有意である一方で，〈授業・学級経営職務〉低群・〈キャリア適応力〉高群と〈授業・学級経営職務〉高群・〈キャリア適応力〉高群の差が有意ではなかった。概要を図4-6b.に示す。

## (3) 考察Ⅰ―20代と50代における「職務葛藤」と「キャリア適応力」の「ストレス反応」に与える影響―

図4-5.で示されたように，「職務葛藤」における児童・生徒と接する職務内容からなる〈授業・学級経営職務〉および〈個別の生徒指導職務〉の葛藤量の大きさは得点上，年代を経るに従い低下している様子がうかがえる。逆に，「ストレス反応」については，いずれも得点上は年代を経るに従い上昇している。一方で，「職務葛藤」のストレッサーとしての影響力に注目した場合，図4-5a., 4-5d.に示されたように，もっとも葛藤の大きい20代ともっとも少ない50代は，20代の〈授業・学級経営職務〉を除いて有意に「ストレス反応」を規定していなかった。同時に，「職務葛藤」同様に20代がもっとも高く，50代がもっとも低い得点を示す〈キャリア適応力〉は「職務葛藤」を規定するものが50代における〈個別の生徒指導〉以外に有意なものがなく，〈キャリア適応力〉の「職務葛藤」と「ストレス反応」への影響力が目立たないといえる。

このことを解釈すると20代は基本的に「職務葛藤」が他の世代よりも大きく，そういった葛藤の高さを当然と受け止めることができるために，心身の不健康に繋がりにくいといった文脈で理解できる。その中で，〈授業・学級経営職務〉における葛藤のみが心理・情緒的なストレス反応である〈バーンアウト〉の原

因となっていた。これは動機づけが高い中核的な職務であるため（例えば，松本・河上，1994；本書第 2 章），この技術や能力習得の課題につながる職務上の葛藤のみがストレッサーとなっているといえよう。

一方で，50代は「職務葛藤」がもっとも低い年代であり，同時にもっとも「ストレス反応」の高い年代であったが，モデル上での両者の関連性は見られなかった。「職務葛藤」をストレス抑制要因という側面から注目しこの年代の特徴を考えれば，同僚との関係や職場の中での自らの位置づけが明確になることは40代ごろから確立されるといわれている（例えば，宗像ら，1988；岡東・鈴木，1997；田村・石隈，2001 など）。このことを参考とすれば50代にとって経験年数から職場における仕事のこなし方や，特定の職務の担い方はある程度確立されており，そのことが「職務葛藤」の得点の低さを示しているといえよう。

また，ストレス反応に注目すればBIを用いて教師のストレス反応を検討したものは90年前半代以前の調査として宗像ら（1988）や岡東・鈴木（1997）がある。しかし，これらはいずれも20代の経験の浅い群のバーンアウトの高さを指摘し，リアリティショックの議論を参考として教職経験年数の高さ，つまり経験が教師ストレスの改善につながるとの意見を示している。一方で，90年代半ばからの調査は，20代と他の年代がストレッサーやストレス反応の高さに差のないことが報告されており，経験年数がストレスに与える影響が低下していることを示唆している（例えば，大阪教育文化センター，1997；伊藤，2000）。本章では50代で心身の「ストレス反応」がもっとも高いことが示されたが，このような結果は先行研究にあまり見受けられない。一方で，「職務葛藤」が「ストレス反応」を規定していない以上，50代の職業ストレスの問題は本研究が検討した規定要因以外の例えば，加齢による心身の余裕のなさや家庭をかえりみる必要などの社会的余裕のなさ，もしくは本章でとりあげなかったストレッサーにあると推測できるのかもしれない。

### (4) 考察Ⅱ―30代と40代における「職務葛藤」と「キャリア適応力」の「ストレス反応」に与える影響―

30代と40代に注目した場合，「職務葛藤」，「キャリア適応力」および，「ストレス反応」いずれも得点の比較から見れば20代と50代の中間的な高さにある

（表 4-4.）。一方で，それらの関係性を検討したモデルに注目すれば，図 4-5b., 4-5c. に見られるように「職務葛藤」における〈職場環境職務〉と〈授業・学級経営〉の2因子が「ストレス反応」2因子を規定し，「キャリア適応力」も直接効果，交互作用ともに影響力をもっている。つまり，20代と50代にとって「職務葛藤」はストレッサーとはいいにくいが，30代と40代にはストレッサーとして機能しており，〈キャリア適応力〉もストレッサー・ストレス反応を抑制するストレス抑制要因であることがより強く示された。

また，40代において交互作用が確認され，〈キャリア適応力〉は「職務葛藤」・「ストレス反応」過程に緩衝効果をもっていたといえる。このことにより，30代と40代においては教師の適性評価に基づいた校内の職務配分に留意することで「職務葛藤」の縮小つまり職務ストレッサーの削減が行えるといえる。また，「キャリア適応力」を促進することでストレス過程全体を感じにくくするだけでなく，長期的には職務遂行上の能力や動機づけを高めることで職務ストレッサーを削減することができると考えられる。

## ◆第 6 節　総合考察◆

本章は教師のストレスを抑制する要因を探る目的から，従来あまり検討されてこなかった教師の成長・発達に関する個人内変数である「キャリア適応力」と，個人と職場の双方の調整から改善できると考えられる「職務葛藤」を職務ストレッサーとしてとりあげることで，職業ストレスを改善すると考えられる要因の数量化された測定と効果の検討を行ってきた。分析モデルごとにそれらの結論を考察し本章のまとめとしたい。

### (1) モデルの小学校・中学校教師の比較を通しての考察

第4節で行われた検討から職務葛藤は職務の過剰のみがストレッサーとなり職務の過少にあたるケースも少なく，ストレッサーとしての影響力もほとんどもっていないことが明らかにされた。このことは，わが国の教師の職務をめぐるストレッサーの多くが職務を過剰に要請されることによるものであることを示している。今後，職務葛藤を測る職務をより広く詳しく見ていくことも課題

の一つといえるのかもしれないが，教師にとって「実力を活かせない」悩みは，その背景にある職務要請量の大きさの負荷の高さ，多忙の厳しさのほうに本質的な課題があると解釈できる。

　小・中学校教師の比較では小学校教師にとって〈職場環境職務〉と〈授業・学級経営職務〉の過剰による葛藤が，中学校教師にとっては〈授業・学級経営職務〉と〈個別の生徒指導職務〉の過剰による葛藤がストレッサーとなっていることが明らかになった。わが国の先行研究では小学校教師と中学校教師のストレスを比較する量的検討はあまりなく，ここでの結果を相対化した上での考察を行いにくいが，本書第3章で見たように全般的に中学校教師の方がストレッサー・ストレス反応ともに深刻であることが明らかにされている。本章の分析結果から中学校教師の高ストレスはここで見られたように生徒指導場面において希望・適性を上回る量の職務の遂行を求められていることが一因であることを示唆しているといえよう。

　加えて，中学校教師の〈キャリア適応力〉は〈個別の生徒指導職務〉・〈バーンアウト〉過程に対して緩衝効果をもつことが明らかになった。中学校教師にとって負担の大きい〈個別の生徒指導職務〉に適応するためには教師の〈キャリア適応力〉を確保することが有効であることが示されたといえる。

## (2) モデルの年代比較を通した考察

　年代比較の結果は本章で検討したストレッサーとしての「職務葛藤」および，ストレス抑制要因としての〈キャリア適応力〉のいずれも20代と50代では「ストレス反応」との関係が乏しく，一方で30代と40代においては，積極的な関係が存在することが明らかにされた。つまり「職務葛藤」は30代・40代の教師にとって影響力の強い職務ストレッサーであるといえる。また，40代においては「職務葛藤」・「ストレス反応」過程において〈キャリア適応力〉が緩衝効果をもっていた。

　紅林（1998）は数量的データと自由記述を整理する中で，30歳前後に能力や技術の習得が一息つき，教師をしている自分への理解が深まるとし，30代から40代にかけては昇進や家族構成の変化，体力の低下から教職観自体が変化を始めるとしている。また，今津（1986）はライフサイクルの視点から「中堅層の

教師」の特徴を整理し，20代を能力・技術の習得を課題とし，20代後半から30代前半を教師という職業と自分の理解が進むことで教職を続けていくかどうかを考え直す時期としている。それに続く，30代後半から40代の中堅層は能力・技術面はピークを迎えつつも一方で，家族や同僚との関係，昇進の課題意識，校務分掌の変化などが顕在化し余裕をなくしやすい成熟期と表現している。

　本研究がとりあげた「職務葛藤」と「キャリア適応力」というストレス抑制に可能性を有する要因はこういった教師としての技術・能力習得が一段落し，教職を続ける意思を固めた上での職業上の次の課題を探るといった状態にある中堅層の教師に有効な適応やストレス抑制の要因であるといえよう。以上より，先行研究において教師ストレス抑制要因として様々な要因が検討されてきているが，教師の自律的な成長や発達という特徴に注目してとりあげたキャリア適応力も40代の教師においてストレス抑制効果が実証されたといえる。

　このことから，学校の職場環境には個人の適性・希望や能力を考慮に入れた人事の適性化を進めることで30代・40代の教師の職務ストレッサーである職務葛藤の改善が可能になると考えられる。加えて，教師個人の特に40代などの中堅層の教師に対しては学校側の職務の要請と自らの希望・適性の葛藤に気づき，その改善を探るという〈キャリア適応力〉という積極的な思考や行動を促すことで職務葛藤・ストレス反応過程の改善が可能であると考えられる。

　このようなストレス改善のための試みを行っていく上で，より詳細で現場の教師に解答しやすい「職務葛藤」や「キャリア適応力」のチェックリストの開発と，「職務葛藤」改善および「キャリア適応力」向上の手続きを示しうるような要因間の関連性を検討した量的研究の蓄積が求められる。これらに基づいて，実際に介入の手続きを行い，ストレス抑制要因の向上や心身の「ストレス反応」の改善効果を検証できるような質的研究もしくは縦断的な量的研究が有益であろう。

　一方で，20代と50代についてはこれらの要因に介入することで得られるストレス改善効果はあまり大きくはない。つまり，本章でとりあげた「職務葛藤」と「キャリア適応力」は20代と50代のストレス反応の抑制効果についてはあまり効果が期待できないことも明らかになったといえる。20代と50代にはまた別のストレス抑制要因の効果を議論しつつ，その上でのストレス改善プログラムの在り方を模索する必要があろう。

# 第5章 教師ストレスへの課題

## ◆第1節　各章のまとめと課題◆

　本書掲載諸調査の目的は当時の先行研究に基づいて教師の職業ストレッサー・ストレス反応過程を実証的に検討し，改善課題を模索することであった。これらの調査を実施してから，すでに10年以上経過している。そこで今まで見た各章とその後の研究動向を踏まえた考察を最後に行いたい。

### (1) 教師ストレス研究レビューと現状

　第1章ではストレス理論と職業ストレス理論さらに教師のストレスに関する先行研究を整理した。ここで確認できたことを5点にまとめてみたい。

　1点目はわが国の教師の職業ストレッサーを体系的に整理する必要性である。特に日本独特の教師の職務の広さ，複雑さを踏まえて職務の内訳と職務ストレッサーの詳細な把握が必要であった。

　2点目としてストレッサーやコーピング要因などのストレス反応規定要因を体系的にまとめて検討する必要性である。90年代の時点で教師ストレス研究ではストレッサーとコーピングが定義として混乱している状況であった。これはどうしても一つの調査に載せ得る項目が限られていることから，ストレス規定要因を充分体系的にまとめにくく，現在も引き続いている課題である。

　3点目として個人の課題と学校や教師をめぐる環境の課題を区別して議論する必要性でる。例えば，90年代までの研究では論点が"結局のところ教師の努力不足"や"教師社会の特殊な文化"などと分析し改善の論点につながらない検討が多かった。これらを踏まえつつ教師と学校の環境と改善余地の議論を進

める必要があった。

4点目としてモデルなどを用いて各種ストレス反応規定要因間の関係性を議論する必要性である。ストレッサー・ストレス反応過程の議論は教師の多様な職務と勤務構造の重層性から直接効果と間接効果，調整効果の3点の区別を通した議論が必要であった。21世紀になり統計ソフトの目ざましい進歩もあり，これらの問題は激的な改善傾向にある。

5点目として先行研究などで見解のかならずしも一致していない属性ごとの比較を行う必要性である。例えば，性別や年代などが主な関心事であった。性別や年代をめぐる知見は研究ごとに一致しきれない結果が多く，今後もこのような属性の複雑なメカニズムの検証は改善を目指す上で是非とも必要な基本情報である。

本書掲載諸調査研究はこの5点の課題意識を仮説に反映し，検討しつつも果たしきれなかった課題が多い。しかし，21世紀になり教師ストレス研究は増加し，それらに対する良質な展望研究が多数登場している。例えば教師のバーンアウトに注目したまとめと展望（落合，2003）や保育者のストレスとストレス抑制要因適応可能性に関するまとめと展望（西坂，2003），教師の歴史的な多忙の変遷とストレスの関連性に関する整理（望月，2004），教師対象に実施可能といえるストレスマネジメントの方法論の包括的紹介（清水・米山・松尾，2006），戦後の教師の勤務時間の変遷を徹底して整理した分析（青木，2007），ストレスコーピングにおけるソーシャルサポートに着目した整理と議論（森・三浦，2007），勤務実態とストレスの議論を通した教師の職業の課題と今後の政策の提案（江澤，2013）などである。また，教師の勤務時間としての多忙についても戦後最大の調査量に基づいた科学的検討が行われている（東京大学，2007；2008）。90年代以降教師のストレスに関わる教育困難が特に深刻で，この改善を意識した若手研究者たちが強い熱意をもっていたことを紹介しておきたい。その上でこの教師ストレスの課題は建設的に改善されていくと筆者は信じたい。

### (2) 教師の職務のスリム化は見通しがつかず

第2章では日本の教師の日常担う膨大な職務の中で職務ストレッサーとなるものの測定項目づくりを目指した。教師の担う全ての職務のリストアップは行

いえず Cooper, Cooper, & Eaker（1988）を参考に，動機づけの曖昧な職務の負担と動機づけの高い職務の遂行困難が職務ストレッサーを構成するとの考えに基づいている。第2章で紹介した2つの調査の結果，示された結論は3点ある。1点目は職務の動機づけについては確かに重みの差があるものの，明確に「不必要」とできるような職務が見られないことである。2点目として動機づけの低い職務の負担が動機づけの高い職務の実施困難をもたらすという「やりがいのない多忙化」が確認できた。3点目は「動機づけの曖昧な職務」について20代は高い動機づけをもって担いうる点である。

ところで，第2章は中央教育審議会『21世紀を展望した我が国の教育の在り方について（第一次答申）』（平成8年7月19日）の「学校のスリム化」に強い影響を受けている（詳しくは，北神，2001）。第2章の2つの調査研究は当時の時点で教師の動機づけの観点から教師の職務や学校の機能の削減を論じる「学校のスリム化」論で多忙とストレスの問題を解消できると期待していた。確かに「やりがいのない多忙化」のメカニズムつまり動機づけの曖昧な職務の負担が動機づけの高い職務を困難にしていることは確認できたが，"動機づけが低い職務"は存在しない。つまり，動機づけが曖昧な（低いわけではなく，人によって高低のばらつきが大きい）職務もある程度必要性を認識されている点は，第2章が目指した研究の改善の論点を根底から成立しないものにしている。

日本の教師は広い学校の役割を，それぞれがある程度職務として分担し合いながら支えていると考えられる。本調査の「体力の限界はあるが，どんな職務もやればやった分だけ効果がある」という自由記述回答は世間知らずの学生であった筆者には衝撃的であった。このような教師の職務の分担はすでに佐古（1986）でルースカップリングという説明体系で示唆されており，21世紀になり群馬県教育委員会（2008）が行った教師の多忙の総点検においても職務自体の削減を基本的に議論できていないと報告していることと同様の結論である。

2014年の今になって考えればそのような日本の教師の心理や職務意識が日本の近代を支えてきたのであろうと筆者は感じている。しかし，「肥大化」したようにもみえる日本の学校の役割や機能をどのように健全に再定義していくかは学校の未来の役割のデザインにあたるものであり，どのように学校の経営資源を確保するかとあわせて考える必要がある。教師というよりは教育政策・行

政担当者さらに研究者・教員養成校教員のこれからの課題なのであろう。

　ところで本書掲載諸調査実施当時20代の教師はいわゆる"ロスジェネ"と呼ばれる世代である。この当時の20代は「動機づけが曖昧になりやすい職務も高い動機づけをもって担っている」ことを回答している。90年代は新採用教員数が少なく，ここで回答した20代の教師は"ロスジェネ"の例外的存在である。今ではこの世代の少なさが多くの自治体で教師のミドルリーダーの枯渇につながっている。第2章で90年代当時の20代教師の人数構成比が減り学校全体が高齢化することで，学校全体で見たときストレッサーの得点を押し上げたのではないかという推測的考察を行った。今から見れば，ちょうど同時期の教師の精神疾患による病気休職の深刻化が社会問題の一つとなった（保坂, 2008）ことの状況証拠の一つである。21世紀に入り多くの自治体では逆に，若手教師の大量採用時代を迎え，この若手世代の適応支援と"今まで学校で最年少ながら突如ミドルリーダーとなること"が求められたロスジェネ世代の難しさをどのように支えるかは今後充分な議論を必要としている。また，大量採用時代の2010年代現在の20代教師の適応も重要ながら，今まで充分なフォローがなされていない課題である。

　しかし，第2章で示された若い教師の広い職務に高い動機づけをもちうる活力が2010年代の学校現場にはあふれているともいえる。若さが学校を支え，彼らが教職に適応し学校現場を健全にしてくれるものと筆者は楽観的に信じている。

### (3) 日本の教師の職業ストレッサーの体系

　第3章ではCherniss（1980）のストレッサー・ストレス反応過程モデルを参考に，第2章で明らかにした教師の職務ストレッサーをあわせた教師の職業ストレッサーとしてバーンアウトとの関係を検討した。ここでの結果を概観すると以下の2点があげられよう。

　まず1点目は教師の職業ストレッサー・ストレス反応過程のモデルの検討の結果，職務ストレッサーが直接的にバーンアウトを規定し，職場環境のストレッサーは間接的にバーンアウトを規定している点である。特にこの過程は主なストレッサーとストレス反応の流れである。2点目は「個人的要因」からなる個人的なストレッサーや育児，家事の問題などは女性が多い小学校教師において

第1節　各章のまとめと課題　*115*

図 5-1．中島（2005；2007）を参考にして筆者が作成した教師ストレスのメカニズム

強度が高かったもののバーンアウトを規定しておらず，男性の多い中学校教師ではバーンアウトを規定していることが示された点である。また，この個人的要因のバーンアウトの規定力は中学校教師においても大きくはないストレッサーとストレス反応の流れであった。この背景に職場環境のストレッサーが存在した。

　この調査研究と同時期に精神科医が教師の精神疾患外来診断数の統計と臨床医としての経験などを総合して検討した諸研究が示されている。そこでは，対児童生徒関係のストレスが直接的な精神疾患の原因で，その背景に保護者との葛藤が成立すればストレスの影響力が大きくなるとしている（中島，2005）。あわせて，同僚や上司，職場の諸問題はこのストレスが生じた際のバックアップであり支えであり，児童生徒のストレスが大きくなった際にこの脆弱性が顕在化するとしている（中島，2007）。これはCherniss（1980）や第三章の結果と類似したメカニズムといえる。つまり，教師の職業ストレス改善の"本丸"は児童生徒をめぐるストレスであり保護者や上司・同僚との関係を含めた職場構造の問題はこの背景である。これを筆者なりに図に整理すると図5-1.のようになる。

　上述の文脈の改善可能性の参考となる研究成果が近年増えている。特に，清水安夫氏[1]の活躍は顕著で，例えば本章同様に教師のストレッサーの体系的な把握と自己効力感，コーピングもあわせたストレス反応につながるメカニズムの検証がなされつつ（米山・松尾・清水，2005），そこで作成された統一の尺度を用いた小学校教師に注目したモデルの検証（清水・煙山・尼崎，2007），属性ごとに有益なコーピングスタイルの探索（松尾・清水，2008），さらにこの尺度を小学校，中学校，高等学校，特別支援学校の教師ごとにモデルと平均の比較

を行い学校段階間の違いを明らかにしつつもある（藤原・古市・松岡，2009）。これら一連のストレッサー・ストレス反応過程モデルの成果はCherniss（1980）や中島（2005），本書とおおむね類似しており，直接効果と間接効果，調整効果の3つの効果を峻別しうるため，これらを活用した今後の議論の進展が期待できる。

　また，ストレス抑制要因の議論も進んでいる。ストレス抑制を期待できる自己効力感確保の議論（松尾・清水，2007），21世紀になり増えた教師ストレス研究におけるソーシャルサポートの検討があげられる（例えば，新井，1999；諏訪，2004；西坂・岩立，2004；西村，2004；谷口，2007など多数）。また，ソーシャルサポートを受ける当人の性格が大きく関わること（田村・石隈，2001），管理職のリーダーシップがこれを調整しうること（迫田・田中・淵上，2004）など，教師個人への介入や学校改善への介入における示唆にも富んでいる。近年は，対人関係の潜在化した資産を検討するソーシャルキャピタルを理論的背景として学校緒職場改善だけでなく，子供社会，保護者のネットワーク，地域も射程にいれた研究概念として再定義がなされつつある（吉村・木村・中原，2014）。

　一方，個人的ストレッサーに関するストレッサーの内実はあまり実態把握が進んでいない。少なくとも現状でワークライフバランスとは女性労働者のみに注目した現代的課題と限って議論が進みつつあるが，本来的なこの仕事も家庭も犠牲にしない幸せな労働生活の議論は経済や法制，文化，歴史的文脈，雇用形態の選択肢を男女ともにあわせて，考慮せねばならない（池田，2010）。現在のところ教師のワークライフバランスの検討はめぼしい成果が見当たらない。これは，この文脈の調査データ確保が私生活をたずねることの回答者の理解などの確保が難しい点が多いからではないかと推測される。現在，小学校教師を中心に大量採用時代を迎えているが，この世代のワークライフバランスが課題になる時期までにこの論点を整理する必要があろう。この原因として，教師宛に私生活のストレッサーを詳細にたずねる質問紙調査の実施が難航することが原因であるので，調査協力者に理解とメリットを感じられる方法論の工夫を施す必要があるのかもしれない。

　いずれにせよ，現在は職務ストレッサーと職場環境のストレッサーはその特

性の解明が進み"どのように改善されるか"という具体的な介入が議論される段階に移りつつある。前者は能力開発が，後者は学校改善が主なテーマとなろう。個人的ストレッサーについては今後もしばらく研究の蓄積が必要であろう。

## (4) 職務の適性化とキャリア適応力の可能性

　第4章ではストレス抑制要因であるキャリア適応力と校務分掌の適正化などでの改善余地を期待した「職務葛藤」を取り上げ，その量的な測定と影響過程の検討を行った。第4章での結論としての3つをとりあげたい。

　1点目は職務葛藤の職務ストレッサーとしての特徴である。「職務過少」はストレッサーとなっておらず，「職務過剰」の状態のみが職務ストレッサーとなっていた。"得意"または"希望する"職務が発揮できない「職務過少」の改善，つまり仕事の個性的な能力発揮ができるような活躍の場を作ることはストレス反応の予防にあまりならない。「職務過剰」への対応つまり職務として要請される仕事の質や量にいかに適応していくかと，適応支援を形作るかが優先的な課題であるといえる。

　2点目は年代別に「職務葛藤」の影響が異なることである。30代および40代という中堅世代において「職務葛藤」のストレッサーとしての影響力が強かった。このことは，30代と40代はミドルリーダーとしての貢献が期待できるが，職務において不適応が生じた際，ストレッサーとして大きく感じられることを意味する。このあたりに中堅世代のストレスにおけるリスクを見ることもできる。第1章で紹介した先行研究の多くは若手教師のストレスの大きさを報告していたが，どうも現在の教師はどの世代もそれぞれの理由で"等しく大変"であるといえそうである。

　3点目はキャリア適応力がストレス抑制要因として効果をもっていた点である。特に「職務葛藤」のような職務ストレッサーにより形作られ，ストレス反応を直接・間接的に改善している。職務ストレッサー自体を削減しにくい状況において，職務ストレッサーを活用したストレス反応改善は有益であろう。本研究で作成したキャリア適応力に関する質問項目群についてはその後の同僚研究者らの活躍により，管理職（露口，2012）や高校教師・特別支援学校教師（露口，2014），幼稚園教諭（高木・波多江，2014a），教育行政勤務教師（高木，2014），

養護教諭（高木，2015印刷中）においても測定がなされ，いずれも効果的にストレス抑制力をもつことが確認されている。ここでも未着手な点が具体的な介入の在り方である。キャリア適応力を目的変数に添えてこれを高める方法論をこれからの課題としたい。

## ◆第2節　教師ストレス改善のために◆

### (1) 職務を通したストレス改善の在り方

　第2章で見たように，教師の職務意識をもとに考えても教師の職務を削減・スリム化しきれない。また，日本社会もそれを許せる環境ではない。人口減少社会で1,700の自治体のうち523の市町村が「消滅」に向かっていくこれからの日本の30年（『中央公論』2014年7月号）において，学校は電気と水道，交通網とあわせた最後の4つのインフラの一つである（鈴木，1986；山下，2012）。また，東日本大震災により避難所として学校と教職員という存在は重要な代替のない社会的インフラであることも再確認された。国勢調査で子供を有する世帯が全世帯の4分の1以下である現状を考えれば，これからは子供を中心としつつも地域を支える存在としての学校の存在意義を再定義する必要があろう。

　いずれにせよ，明治以来今までもそうであったようにこれからも学校と教師には様々な役割と機能がニーズとして次々に求められよう。教師のストレスはこの新たなニーズへの適応支援の課題として位置づける必要を感じる。その前提を踏まえた上で学校のスリム化は議論される必要がある。このあたりは筆者のほうで第2章の調査研究実施時と現在で考え方が180度変化している点は，どうか了解していただきたい。

　ところで，90年代の一部先行研究が指摘しているように動機づけの確保をもってのみ健康を確保することは不可能である。つまり，どんなにやる気が有っても労働時間などの労働量やストレッサーは一定以内の量に抑える仕組みが必要である。一方で，職務が楽しくなる仕組みと働くことの幸せの確保がストレス対策に有効であり，その文脈では能力開発や多忙すら健康の源になる（例えば，川端，2007）。しかし，労働時間や負荷の高さは心理的に苦痛を感じなくとも身体負荷として蓄積される点は別途留意を要する（吉野，2013）。これらの

理解は基本としながら，教育行政も学校経営も個々人も職務ストレッサーの量のコントロールを絶えず考える必要がある。この点についてはストレス性疾患の治療的課題とストレス性疾患の高リスクの者を対象とした予防的課題，さらに全教師に関わるやりがいなどの能力開発の課題の3点から考えてみたい。

　まず，治療的課題について考えたい。保坂（2008）は教師の精神疾患による病気休職者が自治体ごとに出現率が異なることと，病気休暇の実態は統計化されていないことなどから，精神疾患の問題がありふれた課題になっていることを指摘している。故中島一憲氏も教師のストレスや精神疾患が問題視されながら，「病休」と一括で呼ばれる病気休職と病気休暇の際に職場復帰支援に検討が進んでいないことを常に警告している（中島，2005；2006；2007）。平成21年度単年度で精神疾患による病気休職者は公立本務者教員全体の0.6％存在する。これに未知数の病気休暇者や精神疾患の罹患状態で教職に携わる教師の存在も想定し，教職生活全期間を考えれば，全教師の3分の1程度は精神疾患による「病休」に関する課題に直面することが予測できる。このあたりを考慮すれば，大学の教員養成の時点でストレスや職務の心理的な側面などについて自己管理能力を身に着けるとともに，"精神疾患になったら"，"病休になったら"どのように周囲にも自分にも損失を最少にできるかという視点で行動する知識と復元力が必要となる。また，「病休」と復帰をさらなる経験として価値づけながら引退を目指した教育活動に貢献できるようなキャリアをデザインする力をもつことも有益であろう。その際に，故中島一憲氏が指摘したように"子供や学校を支えることができないのであれば職を去ることも考慮する"必要性（中島，2007）も重く受け止めておきたい。

　次に予防的な課題を考えたい。ストレッサーを感じやすい，またはストレス反応が生じやすい高リスク群はこれまでの研究成果である程度描写できている。具体的には，20代の広い職務に高い動機づけをもってあたることができる反面の能力と適応の課題というストレッサーの生じやすさがある。30代と40代のミドルリーダーとしての貢献の反面としてのワークライフバランスの課題や動機づけの低い職務への負担，「職務葛藤」へのストレッサーの感じやすさなどである。21世紀になり人事異動の健康へのリスクの高さが指摘されている（中島，2007）。本書掲載諸調査研究実施後の行財政改革とそれに引き続く平成の大合

併は教員人事制度を大きく変えてもいる（川上，2013）。近年では自由記述の分析を通して，特別支援学校や生徒指導困難校の人事異動とともに高校では定時制高校の人事異動がストレスの高い体験として振りかえられることが多く，同時にこれが職業上の資産とも評価されやすいことが指摘されている（波多江・川上・高木，2013）。また，都道府県の精神疾患による病気休職の発生率との関連変数としては生徒指導問題の多さよりも基礎学力の不振と給食費の未納保護者の比率の高さがより強い相関を有する（波多江・高木，2013）。以上をまとめると教師にとって予防的配慮の必要なリスクの高いライフイベントは新卒・新任時と人事異動の直後，特定の学校・学級（具体的には基礎学力の不振や生徒指導諸問題の高さ，保護者のモラルの低さ）への勤務状況が職業上のリスク群としてあげられる。

　また，個人的なリスクとしてはワークライフバランスの不安定化をもたらす出産・育児，介護，私生活の混乱や加齢・身体的不調などがあげられよう。これに，先に指摘した「病休」からの復職直後なども予防的配慮の必要な時期としてあげることができる。鈴木（2005）は産業医の立場として，精神疾患等の危険水準のポイントとして，①欠勤が目立つ，②遅刻をしてしまう，③泣き言をいうようになる，④能率が下がる，⑤ミスが増える，⑥「辞めたい」と口走る，の「けちなのみや」を気づきのポイントとし，この状況になれば自分でも同僚でも一旦休養をとることの重要性を指摘している。"自分も周囲もストレスにより精神疾患ひいては「病休」になる可能性がある"との理解と典型的な予防を要する指標に気づき自己管理と学校経営を通したサポートに留意したい。

　3つめの能力開発の課題を考えたい。先に指摘した精神疾患やストレスの基本知識をもつことが，教師のストレス耐性を確保する上で，まず一番に着手可能な取り組みであろう。一方で学校と教師自身は社会にとって欠くべからざる重要な役割を担っており，その社会の期待がストレスの源でありながらストレスの改善の原動力にもなりうるというジレンマを理解する必要があるのかもしれない。多忙や多忙感，教職や学校の役割と遂行可能な範囲などの環境に関する理解（学校や教育行政の課題），教育活動全般に対して学力確保と生活指導の安定により貢献できる力を身につけること（教師の能力開発の課題），またそのための努力を健康を害しない範囲で行うこと（精神衛生の課題），さらに有権者

第2節　教師ストレス改善のために　　121

全般にその努力がわかるような説明をしていくこと（教育活動の説明責任）などが重要な課題であり可能性でもあろう。

　教師の職務の削減は難しく，職務の範囲の広さがリスクであるがキャリア適応力のような困難にも感じる現状の中で"自分の能力はこれから高まる"，"自分の教職のこれからの生活はそれなりに充実したものになる"，"努力しているから，これからの学校や子供や日本はよくなる"と明るく，前向きになることでストレス反応の予防と能力の開発が同時に進められる可能性が示唆された。今，教職には積極的な楽観と具体的な能力づくり，日本人の多数が納得する説明責任の提示が有益であろう。それらは一次的には教育政策・行政担当者と研究者・教員養成校教員に課せられた課題であろう。

　このような積極的な楽観と国民理解確保に示唆に富むと感じる研究が，近年隆盛しつつあるソーシャルキャピタル（社会関係資本）に関する議論である。これは人間関係全般には互恵性と信頼，連帯感を醸成することで関係性を強固にし，そこに資産つまり資源が確保しうると考える理論である（例えば，内閣府，2007などを参照されたい）。極めておおまかな表現をすれば，わかりやすい利他行動を行っていくことで，これが周囲の人間関係全般にわたって信頼と連帯感を形作り，同時に互恵性を通した利益の返報が期待できるとする考え方である。近年の統計ソフトの進歩により，この理論が想像以上に有益であることが明らかにされつつある。学区などの地域は複雑で重層的な存在であり，アプローチの難しさが指摘されてきた（小泉，2002）。しかし，この難題に科学的裏づけだけでなく経済的な効果の実績を有する理論と方法論を用意している点がソーシャルキャピタルの諸理論の強みである（佐藤，2001）。

　我が国の学校・教師をめぐるソーシャルキャピタル研究は今のところ露口健司氏[2]の強力なリードで進んでいる。学校と教師については対保護者，対児童に対する信頼の確保にかかわる方法論と信頼が得られることの効果が相当程度明らかにされており（露口，2007a；2012；2013），これらを通した学校組織全体を通した改善が結果的に教師ストレスを緩和することも期待できる（露口，2011）。また，どのように信頼が形成されるかと同時に，どのように信頼が失われるかについても量的検討を経たプロセスの提示が示されている（露口，2007b）。留意点として資産である以上は負の資産つまりソーシャルキャピタ

ルのダークサイドも存在する（稲葉，2011）ため，他者から不利益を被った際にいかに抑止力を展開するかといった課題の示唆も感じることができる。いずれにせよ，学校教育や教師の利他的行動が最終的には何らかの形で学校や教師への信頼と連帯感さらに互恵性を通したサポートの返報として還ってくる。このことを有権者にも教師にも可視化していくことが有効であろう。

## （2）教師の人事のもつ影響

　先に示したように人事異動がストレスや精神疾患の原因というよりはきっかけの一つであることが示唆されている。これはそのまま教育行政が一定の教師ストレス改善に貢献できることを意味している。筆者はこのメカニズムの証明を保有するデータの分析を何度か試みたが，人事異動はストレスの高い職場に赴任する"苦労のきっかけ"となる場合と，ストレスの高い職場から"苦労から解放されるきっかけ"となる場合もあるようで，平均の比較でストレスの高さを証明することが困難である。故中島一憲氏の諸報告は精神科医の臨床としては人事異動のリスクが強調されているが，"苦労のきっかけ"としての人事異動に注目している点に留意する必要を感じる。このあたりは，今後の検討課題でもあるが，生徒指導問題や平均的な学力の不振，保護者・地域のモラルの状況などは重要なストレスの予防的配慮を要する諸要素を一変する勤務校の変化（人事異動）は特にわかりやすい機会として理解する必要があるのかもしれない。とはいえ，このような様々な問題の多い学校や学区ほど学校教育と有能な教師の貢献を必要とする場でもあることも踏まえておきたい。

　人事異動とは別に採用人事も大きな課題である。すでに示したように90年代は採用数の極小化により若手教師の極端な不足が生じ，その世代がそのままミドルリーダーの枯渇につながっている。本書掲載の調査ではこの現在の状況はフォローできない。21世紀になっての小学校教師を中心とした極端な大量採用時代への突入は初任者の不適応であり，従来は充分な観測がなされてこなかったリアリティショックの典型的ともいえるような実感を通した状況報告が示されている。また採用直後の退職者数の増加（文部科学省，2008）や，極端なケースとして新任教師の自殺のドキュメントなどが報告されている（久冨・佐藤，2012）。さらに，臨時任用の教師がどのようにフォローされているかとい

う課題も近年注目されつつある。

　これらの課題意識は2012年夏に出された中央教育審議会答申『教職生活全体を通じた教員の資質能力の総合的な向上方策について』（平成24年8月28日）に詳しく示されている。さらに，これから100年をかけてつづく少子化の中で教員人事の動向がどのように変わるか，また学校教育の形がどのように変わるかは常に分析しつづけなければならない課題であろう。これらは教育政策・教育行政さらに研究者・教員養成校教員にこそ貢献できる課題であり責任であるといえる。

## (3) 職場環境の改善

　職場環境のストレッサーの改善は学校経営・学校改善の課題といえる。本書掲載諸調査研究では職場環境のストレッサーが職務のストレッサーに仲介され，バーンアウトにつながることが示された。しかし，この職場環境のストレッサーがどのようにすれば改善されるかという肝心の部分が本書では未検討である。そもそも『古事記』の海幸彦と山幸彦や『旧約聖書』のカインとアベルといった神話の時代から人間関係に"対立"であり"どうしても性があわない"リスクは存在する。ポジティブな人間関係の構築がどのような場面でも確保できるわけではないし，その決め手となる"特効薬"となるような手法を探すことは不可能であろう。

　このような中で学校経営学に関する研究は管理職のリーダーシップの主に職場の風土・文化に与える望ましい影響を証明してきた（露口，2008）。また，学校現場では段取りと仲介を担うミドルリーダーへの期待が表明されることが多い。しかし，ミドルリーダーは研究上は定義が曖昧で学年主任（二宮・露口，2010）など特定の分掌に関する議論しか実証的分析がなされていない。学校現場で使われる職位や分掌に限らない"頼れる中堅"としてのミドルリーダーの定義は曖昧である（このあたりは畑中，2013を参照）。そのため，今すぐ養成の議論が行えるわけではない。近年，産業組織心理学ではガバナンスとして賞罰の明確化を成すことで組織の健全化がなされ（加護野・砂川・吉村，2010；中島，2013），マネジメントとして組織にとって希望を感じる未来をストーリーとして語ることの重要さが強調されつつある（伊波・竹内・高石，2014）。一方で

露口（2011）は教師にとってストレスをもたらす「左うちわ校長」[(3)]を描写している。このあたりを概観すれば，「望ましいリーダー」と「望ましくないリーダー」の両極を見本として提示することで，少なくとも「望しくないリーダー」の出現予防のヒントなどは形作れよう。

　一方で若手としてはリーダーや先輩に期待をするだけではなくフォロアーシップとして，上司や先輩を支える作法のようなものを身につけることが有益であることが示されつつある（中竹，2009）。中央教育審議会答申『教職生活全体を通じた教員の資質能力の総合的な向上方策について（答申）』（平成24年8月28日）の示した視点は教職を志した学生から始まり臨時採用期間などを経て初任者となり，現職経験を積むことでミドルリーダー，リーダーになっていく全体のデザインを示している。20世紀の"管理職 VS 教員"であったり"教育行政 VS 組合"などという対立の構図ではなく同じ職業人で発達段階や役割が異なるからこそ相互理解と支えあいをはかる，そんな"同僚から孤立しない，同僚を孤立させない"ことの大切さを教員養成期間から形成することが重要であろう。結局のところ理想論ではなく，現実的課題として"人づくり"と"人と人のつながりづくり"が学校組織改善の内実であるように思われる。

### （4）教師のキャリアの充実の課題

　すでに見たように，キャリア適応力は職務ストレッサーを原因として高まり，ストレス反応を抑制する効果が示唆された。これはD.E.スーパーの自らの職業に希望をもち，今将来の職業生活のためにできることを考え，将来の職業生活のためにできることをしていくことという心理であり態度，行動である。近年は産業組織心理学やキャリア教育全般の中だけでなく教師ストレス研究においてもストレスにおける復元力であるレジリエンスが注目され，その効果が証明されつつある（紺野・丹藤，2006；木原，2011）。これらはストレッサー（職業上の課題）や軽い心の不健康を糧としながらストレス抑制効果をもち，未来に向けて能力を開発する視点では同一の要素である。

　キャリアとは有り体にいえば職業を中心に見た人生観のことを指すといってよかろう。生きていく上で幸福を追求するのは当然のこととして，人生の大きなウェイトを占める仕事を個人の属性や人生観にあわせて"どのように仕事と

の付き合いかたをデザインするか", また周囲がそのデザインを支えるかということが課題である。キャリア適応力の高さは"未来に希望"をもち, その希望にあわせて"何かに夢中に投資"ができれば高くなるし, これで現在のストレスは緩和できる。大切なことは, その"希望"と"投資"が裏切られない程度に後に満足でき, 次の"希望"と"投資"をデザインすることに飽きないことではないだろうか。そのような意味で, 裏切られない範囲の"希望"と未来への"投資"を提案し, 支援できる提案者・支援者の存在が必要であろう。この支援の源は教師という職業人の一生に関わる人たち皆に求められる。つまり, 教員養成大学の教員であり, 学校の管理職であり, 先輩教師であり, 同僚教師であり, 指導主事らに代表されるような教育行政勤務の教師であり, さらには後輩教師, 教育実習生である。また, 部分的には医師や研究者, 臨床心理士も貢献できよう。20世紀は組合vs行政といった教師間の対立軸でアイデンティティを確認しあうことがそれなりに意味をもっていた時代であった。しかしながら, 立場と教師という職業人の発達段階が異なるだけで, お互いがそれぞれがそれぞれを必要とするし, 組織人である以上は立場が入れ替わった際は同じような苦労をしかねない者同士の連帯感や信頼, 互恵性といった人間関係に資産をつみあげていくことが21世紀では必要であろう。もちろん, どうしても気が合わない同僚同士の"悪化しすぎない適当な関係"にも意義はある。

　本書でとりあげた, 病気休職や育児や家事, 介護などの課題とともに中央教育審議会（2012）のあげる養成段階, 採用段階, 現職段階さらに管理職段階という『教職生活の全体を通じた教員の資質能力の総合的な向上方策について』（平成24年8月28日）という壮大なテーマにおいて研究の未検討な課題を同僚研究者と点検したものを図5-2.に示す（高木・波多江, 2014b）。ここからわかるように多様な経験の可能性とそれぞれにおいて議論が不十分で研究課題がまだまだ沢山あることがわかる。

　図5-2.において教師の職業ストレスはどのような意義があるのか考えたい。精神疾患やその「病休」の予防と,「病休」になってしまった際の健康と健全な職業生活の復帰への配慮は十分になされるべきであり, 今後の課題であり続けよう。しかしながら, 第4章で見たように教師のストレッサーはキャリア適応力のきっかけになるような自らな発達の原動力でもある。このことから教師ス

126　第5章　教師ストレスへの課題

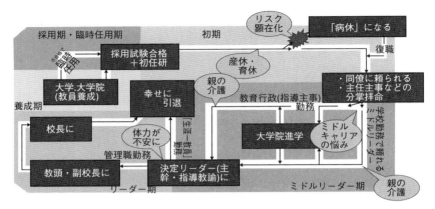

図5-2．教職キャリアの概念図

トレス自体は感染症のように"撲滅されるべき対象"ではなく，うまく付き合いながら「教職生活全体」の変化でありデザインを考える"きっかけ"として理解しなおすことができる。これがキャリアという視点が教師ストレスに与える有意義な可能性であろう。

### (5) 教師ストレスを研究する上での課題

　最後に研究上の課題を4点考えたい。
　1点目は方法論の課題である。すでに何度かふれたように教師のストレスに関する諸研究は2000年ごろより加速度的に増加している。このような研究を行う主体はおおむね，筆者のような教員養成大学の教員が5割，教員養成に関わる大学院生らの研究が3割，旧帝国大学勤務のような純然たる研究者の研究が1割，その他として例えば教育センターなど教育行政や教職員，学校に関わる関係者の研究が1割といったところである。8割を占める教員養成校教員とその大学院生の研究は結局のところ短時間で成果を上げる必要があるため，確実に成果が上がる手法をとりやすい。つまり，現職教師に「お願い」する量的調査特にアンケート調査が中心となりやすい。これは心理学的な調査法である既存「尺度」を複数概観し，今までになされていない複数「尺度」の組み合わせを因子分析と重回帰分析または共分散構造分析の検討により分析・考察する手法だけでまとめることができる。このような類似した方法論と類似した議

論・結果が研究として増えている。一方で90年代より研究課題としてとりあげられていた諸問題（例えば，ワークライフバランスや人事異動，病気休暇・病気休職の実態とサポートなど）は研究方法論として手間がかかるためか未だに放置されたままであるといえる。筆者と本書などはその批判を一身にかぶるべき存在である。自戒をこめていえば，ストレスの調査の回答は回答者である教師にとって強いストレッサーとなっており，筆者は教師対象の調査実施を最近躊躇することが多い。このような諸課題は筆者のように研究に適応不全を起こしつつある"オールドタイプ"の調査研究実施者では対処が難しい。若い世代の研究者・大学院生らにこれらの課題の突破を期待したい。

　2点目として検討が進んでいない課題としてワークライフバランスとストレス改善手法に関する研究課題を考えたい。第3章を中心にすでに何度かふれたように，育児と家事，介護などの私生活の課題と加齢による体力・気力等の"若いころのようにはいかない"状況がどの程度教師のストレスに影響を与えているのかは平均得点の比較による傍証的な議論しか本書ではなしえなかった。また，今のところ管見の範囲で育児や家事，介護などの実態を把握する検討やこれらをストレスの文脈で本格的な検討を行っている調査研究を筆者は把握していない。

　しかし，私生活に関する詳細な質問が質問紙としてたずねにくいこともその難題にあげられる。筆者の経験で現場の教師は調査後の自由記述において"似たような調査ばかりにウンザリ"，"直接世の中をどのように還元されるか想像もつかない"，"調査に協力しても事後報告が10回に1度程度しか返ってこない"，"まともに向き合えば1時間かかるような負担である"などと思いを述べることが多い。そのような質問紙に，それでも無償で多くの教師が臨んでくれている。そのような中で，公的な照会としての意味がある職業や職務の実態調査であればまだしも，私生活のことを回答してくれる教師はごく限られよう。ワークライフバランスはこのような調査の困難にいかに誠意をもって接するかが課題となろう。筆者にはこの突破方法が思いつかない。是非，若い世代に期待したい。

　3点目がすでに繰り返してきた，教師の職業ストレスを改善する具体的な方法論の提示の課題である。すでに本節以前の4つの節で繰り返しこの課題を述

べてきたが，同時に近年急激にこの参考資料が充実しつつあることも紹介してきた。心理学研究の分野であれ，教育学の分野であれ，学校現場であれ，教育政策・教育行政の分野であれこれから具体的な提案が増えてくるものと筆者は楽観視している。同時にこの方法論に関する諸研究による実践は特に，積極的な楽観を許すような文脈で有効であろう。そのような意味で積極的な楽観性をもった露口健司氏のソーシャルキャピタル研究は特に有益であろう。

　4点目は教職の社会的使命の再検討である。学校教育は一次的には児童生徒のためにこそあるものであるが，そのための在り方や合意形成を担うのは教師や保護者（日本の全世帯の4分の1に満たない）ではなく，有権者全体（残りの4分の3以上も含めた全世帯）の納得を必要とする。国民の納得がとても得られない研究者の議論や教師の要望，保護者の要望はマスコミの話題や研究者の業績稼ぎ以上のものにはならない。あわせて国民の意見を平均化する政治が選挙ごとに方針が変化し混乱しやすいことも注意が必要な点である。教師であり研究者・教員養成校教員，教育政策・行政担当者が"今この瞬間の児童生徒の要望"ではなく"将来の国民の幸福"つまり公共の福祉を展望して学校と教職の在り方を考慮し，国民の理解を得るべく誠意をもって説明責任を果たそうとし続ける姿勢が必要であろう。国民の学校や教師に対する理解と再定義の判断を楽観的に期待したい。

## 注　釈

　(1)清水安夫氏は中学校教師を経て，健康・スポーツを専門に学位を取得し教師ストレス研究に貢献している。本章で紹介した清水・煙山・尼崎（2007）はその後の様々な研究のもととなる包括的なストレッサー・ストレス反応の尺度とモデルを提供している。あわせて，この追加分析に様々な成果（藤原・古市・松岡，2011）をあげている藤原忠雄氏も高校教師および県教育センター勤務を経てリラクゼーションなどを専門としつつ学位を取得した実務を知る研究者である。90年代はこのような実務家大学教員が有益な様々な研究を多数生み出すきっかけとなった時代でもある。また，清水安夫氏企画の藤原忠雄氏らからなる教師ストレス研究に関する座談会報告（清水，2012）も参照されたい。
　(2)露口健司氏は大学院生時代より学校における管理職のリーダーシップの検討を行い，量的手法のみならずエスノグラフィーなどの質的手法を駆使して学校組織におけるリーダーシップの影響（露口，2008）のみならず，保護者や地域にどのような信頼関係の構築

がなしうるかの議論（露口，2011）について詳細で先進的な成果を上げている。また，近年では学校や教師のソーシャルキャピタル理論に基づく働きかけで児童生徒の学力や生活態度の安定がはかれることを実践現場から評価される文脈で成果を上げつつある。氏は将来，日本の教育・学校研究において革新をもたらしたナポレオンのような存在として評価されることになろう。本書の研究方法論はほとんどが露口氏の後追いにより成立している。また，もともとが悲観的な文脈で議論を行いがちな筆者に"積極的楽観こそ今の現場に必要である"ことを強く促してくれている人物でもある。

（3）露口（2011）はこれをデビルリーダーと呼びマネジメントを放擲する，自分の責任を回避する，政治力学的ネットワークにばかり固執する，職員ではなく自分の負担に敏感である，現状維持以外の選択肢を選べないなどの個性をあげている。

# あとがきに代えて

　最後は本文でふれなかった学校現場のストレッサーの改善課題を一つあげさせてください。自省の念を込めての言ですが，教員養成校教員の自身の省察の必要性です。この10年私立大学は少子化の対応として，定員の増設をもって収入確保を計ってきました。その際に入学者確保のために人気のある資格・免許の学科等への設置が目玉戦略でした。そこに一定の採用数がもともと必要で，ちょうど21世紀になり大量採用時代を迎えた小学校教諭免許状と幼稚園教諭免許状は魅力手な一つの選択肢でありました。筆者の以前の勤務校も含めて短期大学の保育士養成から四年制大学の教員養成に鞍替えした大学は多く見られます。鞍替えや新学科設立の際に私大経営は"短大から四大で在学期間が2倍になることで，学生が2倍，授業料も2倍"と単純計算で期待をしたわけです。少子化においてはこのこと非常に魅力的な期待でした。。

　ここまでは悪いことではありません。が，問題はここでの教育の仕方です。期待通りいかず定員割れをして無理な入学を許して"学生（私立高校においては生徒）の質が下がった，最近の若い者は"といってみたりしてはいけません。また，どんなに努力しても教師の職に就くことができず，母校においても教育実習の完遂も危ぶまれる高校生を推薦入試で入学させるなどしてはいけません。一度入学し預かった以上は可愛い学生ですが，将来を考えれば"教職につけるかどうか？"や"教育実習に行かせていいのか？"の重い問いから逃げてもいけません。大学の入試広報上"教員採用試験合格者〇名（のべ）"を強調したい余り学生に身寄りもなくやっていけるかどうかもわからないような自治体の教員採用試験を"倍率が低い"の一点で受験させたりしてはいけません。大学時代はそれだけで楽しい人生の一時期ですから，学生さんの"今の学生生活の楽しさ"だけで「良」として，卒業後の就職の準備を忘れたり怠ってはいけません。第5章でふれた軽はずみなアンケート調査だけでなく，教育実習の現場への負担や若手教師の不適応は私立教員養成校の内実不備が多いことも大きな原

因の一つであり，それから目をそむけてもいけません。また，「教師・学校研究」と称して「時間のなさ」を逃げ口上に業績のアリバイづくりのような愚にもつかない学会発表や非査読誌への論文寄稿ばかりになってしまってもいけません。以上は以前の経営が傾いた教員養成の勤務校（現在の勤務校でないことは強調させてくだい）で筆者自身が荷担してしまった罪科帳の一部であります。つい，このような罪を重ねそうになることが多く，ここで自分にしっかり釘を刺しておきたいと思います。

　逆にいえば，このあたりをきっちりこなせば私たち教員養成校勤務教員も教師ストレス改善であり教師のキャリアのスタートという重要な時期に資することができるはずです。この他にも教員養成校ができることは増えていくでしょう。多くの教師ストレス研究をなさる方々は大多数が教員養成つまり教職キャリアに直接関わる方々だと思います。いっしょに学校現場に迷惑かけすぎず，楽観的で積極的に日本のお役に立っていく未来を考えていきましょう。

# 引用文献

秋山健二郎(1965)「職業人としての教師」『教師という名の職業』三一書房,pp.195-234.
Anderson, M. B. G., & Iwanicki, E. F. (1984) Teacher motivation and its relationship to burnout. *Educational Administration Quarterly*, **20**, 109-132.
安藤知子(2000)「教師のモラールとモチベーション」大塚学校経営研究会編『現代学校経営論』pp.28-35.
青木栄一(2007)「先行研究と先行調査のレビュー」『教員勤務実態調査(小中学校)報告書』(平成18年度文部科学省委託調査研究)pp.19-36.
青木栄一・神林寿幸(2013a)「2006年度文部科学省『教員勤務実態調査』以後における教員の労働時間の変容」『東北大学大学院教育学研究科研究年報』**62**(1),pp.17-44.
青木栄一・神林寿幸(2013b)「非常勤講師の配置が教員業務に与える影響」『Co-teachingスタッフや外部人材を生かした学校組織開発と教職員組織の在り方に関する総合的研究(最終報告書)』pp.121-172.
新井肇(1999)『教師崩壊』すぎさわ書房
Bachrach, S. B. (1986) Organizational analysis of stress: The case of elementary and secondary school. *Work and Occupations*, **13**, 7-32.
Blase, J. J. (1982) A social psychological ground theory of teachers stress and burnout. *Educational Administration Quarterly*, **18**, 99-113.
Burke, R. J., & Greengalass, R. D. (1989) Psychological burnout among men and women in teaching *Human Relation*, **43-3**, 261-273.
Chartrand, M., & Camp, C. C. (1991) A psychological theory of work adjustment of career development constructs: A 20-years review. *Journal of Vocational behavior*, **39**, 1-39.
Cherniss, C. (1980) *Professional burnout in human service organization*. NewYork: Pranger.
Cherniss, C. (1995) *Beyond burnout: Helping teachers, nurses, therapists, and lawyers recover from stress and disillusionment*. NewYork: Routledge.
Cohen, S., Kessler, R. C., & Gordon, L. U. (1995) *Measuring stress: A guide for health and social scientists*. Oxford University Press.(小杉正太郎監訳『ストレス測定法』川島書店)
Cooper, C. J., Cooper, R. D., & Eaker, L. H. (1988) *Living with stress*, London. Penguin Health.
Dawis, R. V. (1994) The theory of work adjustment as convergent theory. In M. L. Sarikas & R. W. Lent (Eds.), *Convergence in career development theories*. Palo Alto, CA: CPP Books. 33-43.

Dworkin, A. G. (1987) *Teacher burnout in the public schools: Structural causes and consequences for children.* State University of New York.

Dworkin, A. G., Haney, C. A., Dworkin, R. J., & Telschow, R. L. (1990) Stress and illness behavior among urban public school teachers. *Educational Administration Quarterly*, **26-1**, 60-72.

Edward, J. R. (1991) Person-job fit: A conceptual integration, literature review, and methodological critique. In C. L. Cooper & I. T. Robertson (Eds.), *International review of industrial and organizational psychology.* New York: Wiley. 283-357.

江澤和雄（2013）「教職員メンタルヘルスの現状と課題」国立国会図書館調査室及び立法考査局『レファレンス』2013年1月号，pp.3-28．

Farber, B. (1984) Stress and burnout in suburban teachers. *Journal of Educational Research*, **77-6**, 325-331.

Fimian, M. J., & Blanton, L. P. (1987) Stress, burnout, and role problems among teachers trainee, and first-years teacheres. *Journal Occupational Behavior*, **8**, 157-165.

Freudenberger, H. J., & Richolson, G. (1980) *The high cost of high achievement.* Anchor Press.

Frone, M. R., Yardley, J. K., & Marken, S. M. (1997) Developing and testing an integrative model of the work-family interface. *Journal of Vocational Behavior*, **50**, 145-167.

藤田英典・油布佐和子・酒井朗・秋葉昌樹（1996）「教師の仕事と教師文化に関するエスノグラフィー的研究」『東京大学大学院教育学研究科紀要』**35**，pp.29-66．

藤原忠雄・古市裕一・松岡洋一（2009）「教師のストレスに関する探索的研究」『教育実践学論集』**10**，pp.45-56．

藤原忠雄・古市裕一・松岡洋一（2011）「中学校教師におけるストレス反応及びバーンアウトに関連する諸要因」『学校メンタルヘルス』**14-2**，pp.169-180．

福岡欣治（1998）「自然災害によるストレッサーとソーシャルサポート」松井豊・浦光博編『人を支える心の科学』誠信書房，pp.229-258．

群馬県教育委員会・社会経済生産性本部（2008）『教員の多忙を解消する』学事出版

Grzywacz, J. G., & Marks, N. F. (2000) Reconseptualizing the work-family interface: An ecological perceptive on the correlates of positive and negative spilover between work and family. *Journal of Occupational Health Psychology*, **5**(1), 111-126.

長谷川裕（1994）「教師の多忙化とバーンアウト」久富善之編『日本の教員文化』多賀出版，pp.244-260

橋本剛（1997）「大学生における対人ストレスイベント分類の試み」『社会心理学研究』**13-1**，pp.64-75．

橋本剛（2005）『ストレスと対人関係』ナカニシヤ出版

波多江俊介・川上泰彦・高木亮（2013）「教員の異動に伴うメンタルヘルスに関する調査研究」『九州教育経営学会紀要』**19**，pp.67-74．

波多江俊介・高木亮（2013）「教師の精神疾患による病気休職についての関連要因の探究」『九州教区経営学会紀要』**19**，pp.75-81．

秦政春（1991）「教師のストレス―教育ストレスに関する調査研究―」『福岡教育大学紀要』

40-4，pp.79-146.
畑中大路（2013）「教師がミドルリーダーになる契機」『教育経営学研究紀要』16，pp.35-41.
畠田茂（1997）「ストレスの概念とその流れ」佐藤昭夫・朝長正徳編『ストレスの仕組みと積極的対応』藤田企画出版，pp.48-86.
平井洋子（2001）「測定評価による研究動向」『教育心理学年報』40，pp.112-122.
Holland, J. H. (1994) Separate but unequal is better. In M. L. Savikas & R. W. Lent (Eds.), *Convergence in career development theories*. Palo Alto, CA: CPP Books. 45-51.
Holmes, T. H., & Rahe, R. H. (1967) Social Readjustment Scale. *The Journal of Psychosomatic Research*, **2-4**, 213-218.
保坂亨（2008）『"学校を休む"児童生徒の欠席と教員の休職』学事出版
Huberman, M. (1993) Burnout in teaching careers. *Europian Education*, **25-3**, 47-69.
池田心豪（2010）「ワーク・ライフ・バランスに関する社会学的研究とその課題―仕事と家庭生活の両立に関する研究に着目して―」独立行政法人労働政策研究・研修機構編『日本労働研究雑誌』599（2010年6月号），pp.20-31
池本しおり（2004）「教師間のピア・サポートをめざした校内研修会」『ピア・サポート研究』2，pp.25-37.
今津孝次郎（1986）『変動社会の教師教育』名古屋大学出版会
稲葉昭英（1992）「ソーシャルサポート研究の展望と問題」『家族研究年報』17，pp.67-78.
稲葉英明（1998）「ソーシャルサポートの理論とモデル」松井豊・浦光博編『人を支える心の科学』誠信書房，pp.151-176.
稲葉陽二（2011）「ソーシャルキャピタルのダークサイド」『ソーシャルキャピタルのフロンティア』pp.245-256
稲垣忠彦・久冨善之（1994）『日本の教師文化』東京大学出版会
伊波和恵・竹内倫和・高石光一（2014）『マネジメントの心理学』ミネルヴァ書房
稲村博（1991）「学校のストレス」佐藤昭夫・朝長正徳編『ストレスの仕組みと積極的対応』pp.254-259.
入江雅人（1998）「ソーシャルサポートの理論モデル」松井豊・浦光博編『人を支える心の科学』誠信書房，pp.151-176.
石堂豊（1973）『教師の疲労とモラール』黎明書房
伊藤美奈子（2000）「教師のバーンアウト傾向を規定する諸要因に関する探索的研究」『教育心理学研究』48，pp.12-20.
伊上達郎（1965）「先生はカッコいい職業か」『教師という名の職業』三一書房，pp.7-36.
岩永誠（2003）「ワークストレスの社会病理」横山博司・岩永誠編『ワークストレスの行動科学』北大路書房，pp.150-175.
加護野忠男・砂川伸幸・吉村典久（2010）『コーポレートガバナンスの経営学』有斐閣
貝川直子（2004）「教師のバーンアウトと組織特性，ソーシャルサポートとの関係」『日本教育心理学会第47回総会発表論文集』p.434.
鎌田季好（1965）「へき地の教師たち」『教師という名の職業』三一書房，pp.147-178.
金井篤子（2000）「職場のストレスとサポート」外島裕・田中堅一郎編『産業・組織心理学エッセンシャルズ』ナカニシヤ出版，pp.163-188.

金子章栄・針田愛子（1993）「小・中学校教師の職業ストレスに関する研究」『金沢大学教育学部紀要（教育科学編）』**42**，pp.1-10.

川端裕（2007）『メンタルヘルスに手を出すな』同友館

河上婦志子（2006）「ジェンダーでみる日教組の30年」『神奈川大学心理・教育研究論集』**25**，pp.5-22.

川上泰彦（2011）「学校管理職は孤独なのか？―マルチメソッド―」藤原文雄・露口健司・武井敦史編『学校組織調査法』学事出版，pp.129-142.

川上泰彦（2013）『公立学校の人事システム』学術出版会

河村茂雄（2002）『教師のためのソーシャルスキル』誠信書房

木原俊行（2011）「授業レジリエンスのモデル化」『日本教育工学論文誌』**35**，pp.29-32.

木岡一明（2000）「学校選択・学校参加と学校経営の自律性」大塚学校経営研究会編『学校経営研究』**25**，pp.14-22.

北神正行（2001）『現代学校経営改革論』教育開発研究所

北神正行・高木亮（2000）「学校改善と「学校のスリム化」」『国立教育研究所平成11年度学校改善プロジェクト活動報告書』pp.54-63.

北神正行・高木亮・田中宏二（2000）「中学校教師の職務「必要」性・「不必要」性認識に関する研究」『岡山大学教育学部研究集録』**115**，pp.149-158.

北神正行・高木亮（2007）「教師の多忙・多忙感を規定する諸要因の検討」『岡山大学教育学部研究集録』**134**，pp.1-10.

小泉令三（2001）『地域と手を結ぶ学校』ナカニシヤ出版

国分一太郎（1956）『教師―その仕事―』岩波書店

國分康孝（1979）『カウンセリングの技法』誠信書房

國分康孝（1981）『カウンセリングの理論』誠信書房

國分康孝（1996）『カウンセリングの原理』誠信書房

紺野祐・丹藤進（2006）「教師の資質能力に関する調査研究」『秋田県立大学総合科学研究彙報』**7**，pp.73-83.

Kremer, J., & Hofman, J. E.（1985）Teacher's professional identity and burnout. *Research in Education*, **34**, 89-95.

久冨善之（1994）『日本の教員文化』多賀出版

久冨善之・佐藤博（2012）『新任教師の死が遺したもの』高文研

紅林伸幸（1998）「教師のライフスタイルにおける危機」油布佐和子編『教師の現在・教職の未来』pp.32-50.

Kyriacou, C., & Sutcliffe, J.（1978）Teacher stress: Prevalence, sources and symptoms. *British Journal of Educational Psychology*, **48**, 159-167.

Lachman, R., & Diamant, E.（1987）With drawal and restraining factors in teachers' turnover intentions. *Journal of occupational behavior*, **8**, 219-232.

Lazarus, R. S. & Folkman, S.（1984）*Stress, appraisal and coping*. Springer.

牧昌見（1999）『改訂学校経営診断マニュアル』教育開発研究所

Maslach, C., & Jackson, S. E.（1981）The measurement of experienced burnout. *Journal of occupational behavior*, **2**, 99-113.

松本良夫・河上婦志子（1986）「中学校教員の職務パターンと不適応」『東京学芸大学紀要第一部門』**37**，pp.135-148.
松本良夫・河上婦志子（1994）『逆風の中の教師たち』東洋館出版社
松岡一絵・清水安夫（2007）「小学校教師版自己効力感尺度の開発」『応用教育心理学研究』**24-1**，pp.11-17.
松尾一絵・清水安夫（2008）「小学校教師特有のストレスコーピングに関する研究」『パーソナリティ研究』**16-3**，pp.435-437.
松浦善満（1998）「疲弊する教師たち―多忙化と「荒れ」の中で―」油布佐和子編『教師の現在教職の未来』教育出版，pp.16-30.
文部科学省（2008）「条件附採用について　平成19年度（平成19年4月1日～6月1日）に採用された者」『指導が不適切な教員の人事管理に関する取組等について』
森慶輔・三浦香苗（2007）「ソーシャルサポートの文献的研究」『昭和女子大学生活心理研究所紀要』**10**，pp.137-144.
森本兼曩（1997）『ストレス危機の予防医学』日本放送出版協会
望月厚志（2004）「教師の生涯学習に関する調査研究（その1）」『常葉学園大学教育学部紀要』**25**，pp.261-298.
望月宗明・矢倉久奏（1979）『教師という職業』三一書房
宗像恒次（1991a）「心理的社会的ストレッサー」佐藤昭夫・朝長正徳編『ストレスの仕組みと積極的対応』藤田企画出版，pp.201-210.
宗像恒次（1991b）『ストレス解消学』小学館
宗像恒次・稲岡文昭・高橋徹・川野雅資（1988）『燃えつき症候群』金剛出版
宗定房子・松岡洋一（2002）「教師のバーンアウト低減に及ぼす自律訓練法の効果」『日本自律訓練学会第25回大会発表抄録集』p.39.
中野利子（1986）『教師たちの悩み唄』筑摩書房
永井道雄（1957）『教師―この現実』三一書房
内閣府（2007）『国民生活白書―つながりが築く豊かな国民生活―』
中島一憲（1998）「教師の心の病から」『学校メンタルヘルス』創刊号，pp.47-50.
中島一憲（2002）「こころの光と影」『学校メンタルヘルス』**5**，pp.7-14.
中島一憲（2005）「教師のメンタルヘルス―最新データによる臨床的検討―」『学校メンタルヘルス』**8**，pp.35-41.
中島一憲（2006）「教師のうつ―臨床統計からみた現状と課題―」『発達』**106**，pp.2-10.
中島一憲（2007）「教師のメンタルヘルスをどう支えるか」『学校メンタルヘルス』10，pp.21-33.
中島隆信（2013）『こうして組織は腐敗する』中央公論新社
中田敦子・松岡洋一（2002）「教員のメンタルヘルスに及ぼす自律訓練法の効果」『岡山大学大学院教育学研究科学校教育臨床専攻修士論文抄録集』**2**，pp.33-36.
中竹竜二（2009）『リーダーシップからフォロアーシップへ』阪急コミュニケーションズ
日本教職員組合（1954）『教職活動実態調査第一次報告書』
日本教職員組合（1976）『教職員の意識調査』
二関隆美・日比行一・河野隆夫（1960）「教師の職場組織とモラール」『教育社会学研究』

15, pp.35-41.
塗師斌(1995)「ストレスとコーピングの因果モデル構築の試み」『横浜国立大学紀要』35, pp.31-39.
二宮賢治・露口健司(2010)「学校組織におけるミドルリーダーのリーダーシップ」『愛媛大学教育実践総合センター紀要』28, pp.169-183.
西村昭徳(2004)「教職員間の人間関係における認知的評価」『学校メンタルヘルス』7, pp.25-34.
西坂小百合(2002)「幼稚園教諭の精神的健康を及ぼすストレス,ハーディネス,保育者効力感の影響」『教育心理学研究』50, pp.283-290.
西坂小百合(2003)「我が国の教師ストレス研究の現状と課題」東京学芸大学編『学校教育学研究論集』8, pp.13-24.
西坂小百合・岩立京子(2004)「幼稚園教師のストレスと精神的健康に及ぼすハーディネス,ソーシャルサポート,コーピング・スタイルの影響」『東京学芸大学紀要第一部門』55, pp.141-149.
西坂小百合(2006)「幼稚園教諭のストレスと精神的健康に及ぼす職場環境,精神的回復力の影響」立教女学院短期大学編『紀要』38, pp.91-99.
西坂小百合・森下葉子(2009)「保育者のアイデンティティの形成過程―保育実践経験5～10年の幼稚園教諭に対するインタビュー調査から―」立教女学院短期大学編『紀要』41, pp.51-60.
西坂小百合(2010)「若手幼稚園教師の精神的健康に及ぼす職場環境の影響」立教女学院短期大学編『紀要』42, pp.101-110.
西坂小百合(2014)「幼稚園教諭の職業継続の意思と教職経験年数・職場環境の関係」『共立女子大学家政学部紀要』60, pp.131-139.
西坂小百合(2008)「幼稚園教諭のストレスと精神的影響に及ぼす職場環境,精神的回復力の影響」『立教女学院短期大学紀要』38, pp.91-99.
小島秀貴(1994)「揺らぐ威信」松本良夫・河上婦志子編『逆風の中の教師たち』東洋館出版社, pp.35-64.
岡直樹(1987)「動機づけ」小川一夫監修『社会心理学用語辞典』北大路書房, p.254.
小野寺芳樹(1996)「企業の評価制度からみた教員評価の課題」佐藤全・坂本孝徳編『教師に求められる力量と評価』東洋館出版社, pp.29-37.
岡東壽隆・鈴木邦治(1997)『教師の勤務構造とメンタルヘルス』多賀出版
大阪教育文化センター(1997)『教師の多忙化とバーンアウト』京都法政出版
落合美貴子(2003)「教師のバーンアウト研究の展望」『教育心理学研究』51, pp.351-365.
落合美貴子(2003)「教師のバーンアウトのメカニズム」『コミュニティ心理学研究』6-2, pp.72-89
Pamela, J. M. (1986) *Burnout: The relationship between the principal's leadership style, the organization, and the teacher's personality.* U-M-I Disseryution Informaiton Service.
Pettigrew, C., & Wolf, E. (1982) Validating measure of teacher stress. *American Educational Research Journal,* 4-3, 373-396.
Pines, A., & Aronson, E. (1988) *Career burnout: Causes and cares.* New York: Free Press.

Pines, A., & Maslach, C. (1980) Combatting staff burnout in a day care center: A case study. *Chile care quarterly*, **9-1**, 5-16.

Russell, D. W., Altmaier, E., & Velzen, D. V. (1987) Job-related stress, social support, and burnout among classroom teachers. *Journal of applied psychology*, **72**, 269-274.

坂本孝徳（1996）「勤務評価制度導入をめぐる争点」佐藤全・坂本孝徳編『教師に求められる力量と評価』東洋館出版社，pp.29-37.

坂田桐子（2003）「組織とワークストレス」横山博司・岩永誠編『ワークストレスの行動科学』北大路書房，pp.77-105.

坂田成輝（1991）「ストレスコーピング」佐藤昭夫・朝長正徳編『ストレスの仕組みと積極的対応』藤田企画出版，pp.178-184.

佐古秀一（1986）「学校組織に関するルース・カップリング論についての一考察」『大阪大学人間科学部紀要』**12**，pp.135-154.

佐古秀一・久我直人・大河内裕幸・山口哲司（1999）「省察と協働を支援する学校改善プロジェクトの開発的研究」『鳴門教育大学研究紀要教育科学編』**14**，pp.43-60.

迫田裕子・田中宏二・淵上克義（2004）「教師が認知する校長からのソーシャル・サポートに関する研究」『教育心理学研究』**52**，pp.448-457.

Sarros, J. C., & Sarros, A. M. (1992) Social support and teacher burnout. *The Journal of Educational Administrations*, **30**, 55-69.

佐藤昭夫（1991）「ストレスの概念とその流れ」佐藤昭夫・朝長正徳編『ストレスの仕組みと積極的対応』藤田企画出版，pp.3-6.

佐藤昭夫・朝長正徳編（1991）『ストレスの仕組みと積極的対応』藤田企画出版

佐藤寛編著（2001）『援助と社会関係資本』アジア経済研究所

Schwab, R. L., & Iwanicki, E. F. (1982) Perceived role conflict, role ambiguity and burnout. *Educational Administration Quarterly*, **18-1**, 60-74.

Seleye, H. (1987) *Stress without distress*. Corgir.

嶋崎博輔・森昭英（1995）「保育者の精神的健康に関する研究」『筑波大学体育科学紀要』**18**，pp.149-158.

清水安夫（企画編集）（2012）「座談会教師のメンタルヘルスを考える」『学校メンタルヘルス』**15-1**，pp.34-47.

清水安夫・煙山千尋・尼崎光洋（2007）「小学校教師の職業性ストレスモデルの開発」『ストレスマネジメント研究』**4-1**，pp.19-27.

清水安夫・米山恵美子・松尾一絵（2006）「教師のワークストレスとストレスマネジメント」『現代のエスプリ』**469**，pp.133-145.

新名理恵（1991）「心理的ストレス反応の測定」佐藤昭夫・朝長正徳編『ストレスの仕組みと積極的対応』藤田企画出版，pp.73-79.

園田雅代・中釜洋子・沢崎俊之（2002）『教師のためのアサーション』金子書房

Super, D. E. (1977) Vocational maturity in mid-career. *Vocational Guidance Quarterly*, **25-4**, 293-302.

Super, D. E. (1980) A life-span, life space-approach to career development. *Journal of Vocational behavior*, **16-30**, 282-298.

Super, D. E., Thompson, A. S., & Linderman, R. H.（1988）*Adult Career Concerns Inventory: Manual for research and exploratory use in counseling*. Palo Alto, CA: Consultant Psychologists Press.
諏訪英広（2004）「教員社会におけるソーシャルサポートに関する研究」『日本教育経営学会紀要』**46**，pp.78-92.
鈴木邦治（1993）「教師の勤務構造とストレス―ストレッサーの認知的評価を中心に―」『日本教育経営学会紀要』**35**，pp.69-82.
鈴木安名（2005）『人事・総務担当者のためのメンタルヘルス読本』労働科学研究所出版部
田上不二夫・山本淳子・田中輝美（2003）「教師のメンタルヘルスに関する研究とその課題」『教育心理学年報』**43**，pp.135-144.
高木亮（2014）「教育行政勤務教員のストレスに関する研究」『九州教育経営学会紀要』**20**．
高木亮（2015印刷中）「養護教諭の教職キャリアに関する研究」『就実教育実践研究』**8**．
高木亮・森上敏夫（2011）「都道府県ごとの教師の精神疾患を原因とした病気休職「発生率」のデータ報告Ⅲ―平成20，21年度のデータを中心に―」『中国学園紀要』**10**，pp.147-154.
高木亮・波多江俊介（2014a）「幼稚園教諭の教職キャリアに関する研究」『就実教育実践研究』**7**．
高木亮・波多江俊介（2014b）「教育センターにおける研修体系の検討」『日本教育経営学会第54回大会プログラム要旨集』pp.73-74.
高旗正人・北神正行・平井安久（1992）「教師の「多忙」に関する調査研究」岡山大学教育学部附属実習センター編『教育実習研究年報』**3**，pp.1-29.
高元伊智郎（2003）「ストレスマネージメント教育研修が参加教師に及ぼす影響」『日本教育心理学会第45回総会発表論文集』p.427.
武田圭太（2000）「有能感が推進するキャリア」外島裕・田中堅一郎編『産業・組織心理学エッセンシャルズ』ナカニシヤ出版，pp.215-238.
田村修一・石隈利紀（2001）「援助サービス上の悩みにおける中学校教師の被援助志向性に関する研究」『教育心理学研究』**49**，pp.438-448.
谷口弘一（2007）「教師のソーシャルサポート」『教師の故陣内スキル活用と教師のための社会的資源に関する総合研究（科学研究費補助金基盤研究B 1630127，研究成果報告書）』pp.51-74.
田尾雅夫（1995）『ヒューマンサービスの組織』法律文化社
田尾雅夫・久保真人（1996）『バーンアウトの理論と実際』誠信書房
田上不二夫・山本淳子・田中輝美（2003）「教師のメンタルヘルスに関する研究とその課題」『教育心理学年報』**43**，pp.135-144.
東京大学（2007）『教員勤務実態調査（小・中学校）報告書（平成18年度文部科学省委託調査研究報告書）』
東京大学（2008）『教員の業務の多様化・複雑化に対応した業務量統計調査手法の開発と教職員配置制度の設計(平成19年度文部科学省新教育システム開発プログラム報告書)』
外島裕（2000）「人事測定の方法」外島裕・田中堅一郎編著『産業・組織心理学エッセンシャルズ』ナカニシヤ出版，pp.65-87.

Travers, C. J., & Cooper, C. L.（1996）*Teachers under pressures*. Routledge.
津田彰・原口雅浩（1991）「ストレスとコントロール」佐藤昭夫・朝長正徳編『ストレスの仕組みと積極的対応』藤田企画出版，pp.164-172.
露口健司（1996）「学校組織風土と組織文化に関する研究動向レビュー」『教育経営教育行政学研究紀要』**3**，pp.91-98.
露口健司（2000）「校長のリーダーシップが児童のパフォーマンスに及ぼす影響」『日本教育行政学会年報』**26**，pp.123-136.
露口健司（2011）「学校改善と教育効果の媒介要因としてのソーシャル・キャピタル」『九州教育経営学会紀要』**17**，pp.81-89.
露口健司（2007a）「公立学校における保護者セグメントの解析」『日本教育経営学会紀要』**49**，pp.67-82.
露口健司（2007b）「学校組織における信頼関係のリスクマネジメント」『教育経営学研究紀要』**10**，pp.17-35.
露口健司（2008）『学校組織のリーダーシップ』大学教育出版
露口健司（2011）「学校組織特性と教師のストレス」『教育と医学』**561**，pp.70-74.
露口健司（2012）『学校組織の信頼』大学教育出版
露口健司（2012）「保護者ネットワークと学校信頼」『愛媛大学教育学部紀要』**59**，pp.59-70.
露口健司（2013）「保護者との信頼関係が構築されている校区の特徴」『社会教育』**68-5**，pp.52-57.
露口健司（2014）「マルチレベルモデルによる教員バーンアウトの決定的要因」『日本教育経営学会紀要』**56**，pp.82-97.
露口健司・高木亮（2012）「管理職のバーンアウトプロセス」『九州教育経営学会紀要』**18**，pp.63-72.
Tuch, S.（1980）*Teacher burnout and what to do about it*. Acadmic Therapy Publications.
Varrus, M.（1987）Reconsidering teacher alienation: A critique of teacher burnout in the public schools. *The Urban Review*, **19-3**, 179-188.
若林昭雄（2000）「対処スタイルと日常生活および職務上のストレス対処方略の関係」『教育心理学研究』，**48**，pp.128-137.
渡辺三枝子・E.L.ハー（E. L. Herr）（2001）『キャリアカウンセリング入門』ナカニシヤ出版
山下祐介（2012）『限界集落の真実』筑摩書房
矢冨直美（1997）「ストレスの仕組み―心理学的立場より―」佐藤昭夫・朝永正徳編『ストレスの仕組みと積極的対応』藤田企画出版，pp.49-55.
山本嘉一郎・小野寺孝義（1999）『Amosによる共分散構造分析と解析事例』ナカニシヤ出版
横山博司（1998）「ワークストレス」『ワークストレスの現代的関心』徳山大学叢書，pp.1-12.
横山博司・中谷孝久・岩永誠・宇野弘（1988）「ワークストレスの現代的関心」『徳山大学研究叢書』
油布佐和子（1995）「教師の多忙化の一考察」『福岡教育大学紀要』**44-4**，pp.197-210.

油布佐和子（1998）「教師は何を期待されてきたか」油布佐和子編『教師の現在・教職の未来』教育出版，pp.138-157.
米山恵美子・松尾一絵・清水安夫（2005）「小学校教師のストレスに関する研究」『学校メンタルヘルス』8，pp.103-113.
吉野聡（2013）『「現代型うつ」はサボリなのか』平凡社
吉村春美・木村充・中原淳（2014）「校長のリーダーシップが自律的学校経営に与える影響過程」『日本教育経営学会紀要』56，pp.52-67.

## 付　記

　第4章の「教師のストレス反応抑制要因に関する調査研究」については文部科学省科学研究費補助金基礎研究B課題番号16330127「教師のエンパワーメント向上のための社会的資源に関する総合研究」（研究代表者，田中宏二，次いで淵上克義）の助成を受けている。

　本書は平成17年度に兵庫教育大学大学院連合学校教育学研究科教育実践学専攻教育臨床連合講座に提出した博士論文に図表や文章の調整とともに引用論文の見直しを行ったものである。

　出版にあたっては独立行政法人日本学術振興会より平成26年度科学研究費助成事業（科学研究費補助金）（研究成果公開促進費）の助成を受けている。

　補助金は国民の税金等より賄われており，日本国民に心よりお礼申し上げます。また，「はじめに」で示した恩師の先生方と，本書各調査にご協力いただいた小・中学校の先生方，査読審査や学位審査にご指導いただいた先生方，勤務期間において本書の申請と作成を支援くださった学校法人就実学園にも心からお礼申し上げます。

# 附　　録

## 中学校教師の職務意識調査（附録1）

### 教師の職務意識調査にご協力ください

　このアンケートは日常，先生方がどのような職務を担っておられ，どのようなお気持ちで職務を担っておられるのかを検討することを目的とします。
　データは数字上の処理を行い，その後アンケート用紙は焼却処分をいたしますので，先生個人の情報が他に流出することはありませんからご安心ください。
　このアンケートに関するご意見・ご感想は最後のページの自由記述欄にご記述いただくか，以下の連絡先までご連絡いただければ幸いです。
　また，分析後に先生の学校宛に検討結果をご報告することをお約束いたします。
　　　　　　　　　岡山大学教育学部講師　　　東條光彦
　　　　　　　　　岡山大学教育学部助教授　　北神正行
　　　　　　　　　同大学4年生　　　　　　　高木亮　　（連絡先）

◎まず，先生についてお伺いします。

1．先生の性別を教えてください。　　　　（　男　　女　）

2．先生の年代を教えてください。　　　　（　20代　　30代　　40代　　50代　）

3．先生の学校は何市にありますか。　　【　　　　　　　】市

4．先生の学校での主な校務分掌を教えてください。（いくつでも）
　【　　　　　　　　　　　　　　　　　　　　　　　　　　　　　】

5．先生は担任はお持ちですか。　　　　　（　担任あり　　担任なし　）

◎以下にあげる職務は現職の先生方に「教師の役割や職務なのかどうかわからなくなることがある」
　といわれる職務です。先生はどのようにお感じですか。以下の回答番号でもっとも当てはまるものをご記述ください。
　　　1．明らかに教師の職務範囲ではない
　　　2．あまり教師の職務範囲とは思えない
　　　3．まぁ教師の職務だとおもっている。

4．基本的に教師の職務だと思っている。
5．自分の身近ではそのような職務はないのでわからない。

1．夜自宅にかかる保護者からの電話の対応　　　　　　　1－2－3－4　5

2．教師が親へ要請する校外の生活指導　　　　　　　　　1－2－3－4　5

3．定期試験・模擬試験対策に特別な補習を行うこと　　　1－2－3－4　5

4．地域で生徒が起こしたトラブル（万引きや恐喝など）への
　　対応　　　　　　　　　　　　　　　　　　　　　　1－2－3－4　5

5．勤務時間外の地区懇談会やPTAへの参加　　　　　　 1－2－3－4　5

6．長期休日の生活指導　　　　　　　　　　　　　　　　1－2－3－4　5

7．予算配分・予算出納帳記入など書類作成・事務作業　　1－2－3－4　5

8．本人の意志の不明確な進路指導　　　　　　　　　　　1－2－3－4　5

9．学力不対応の進路指導　　　　　　　　　　　　　　　1－2－3－4　5

10．授業妨害をする生徒への学力保障　　　　　　　　　 1－2－3－4　5

11．授業を開始する際，生徒を教室に入れるための巡回　 1－2－3－4　5

12．部活動の顧問になるなどの職務負担　　　　　　　　 1－2－3－4　5

13．土日などの勤務時間外の部活指導　　　　　　　　　 1－2－3－4　5

14．土曜市・お祭り等の際に行う地域巡回　　　　　　　 1－2－3－4　5

15．宿泊を伴う部活遠征などの引率　　　　　　　　　　 1－2－3－4　5

16．専門外の部活動担当　　　　　　　　　　　　　　　 1－2－3－4　5

17．修学旅行等の宿泊を伴う校外行事の引率　　　　　　 1－2－3－4　5

18．修学旅行上などの宿泊を伴う校外行事の雑務
　　（持ち物検査・巡回など）　　　　　　　　　　　　 1－2－3－4　5

19．学習意欲のない生徒への補習・再試験　　　　　　　 1－2－3－4　5

20．遅刻防止や無断外出防止に校門で指導を行うこと　　 1－2－3－4　5

| | | |
|---|---|---|
| 21. 不登校等への進路・学習保障の努力 | 1 － 2 － 3 － 4 　 5 |
| 22. 集団場面で勝手な主張をする親への対応 | 1 － 2 － 3 － 4 　 5 |
| 23. 集団の中での社会性の保障 | 1 － 2 － 3 － 4 　 5 |
| 24. 不登校生徒の家庭訪問（親の理解や要請を受けた） | 1 － 2 － 3 － 4 　 5 |
| 25. 不登校生徒の家庭訪問（親の理解がない場合） | 1 － 2 － 3 － 4 　 5 |
| 26. 自分の言動には責任を持たせるといった社会的責任の指導 | 1 － 2 － 3 － 4 　 5 |
| 27. 中学以前の学力保障 | 1 － 2 － 3 － 4 　 5 |
| 28. 本来は家庭で行うべき生徒の私生活の指導 | 1 － 2 － 3 － 4 　 5 |
| 29. 苦情だけ学校に言ってくる地域への対応 | 1 － 2 － 3 － 4 　 5 |
| 30. 教委・PTAから来る現場とかけ離れた要請への対応 | 1 － 2 － 3 － 4 　 5 |
| 31. 登校地域での交通指導 | 1 － 2 － 3 － 4 　 5 |
| 32. 直接学校と関係のない事での地域への義理立て<br>　　（ボランティアなどでの休日の市内清掃活動等） | 1 － 2 － 3 － 4 　 5 |
| 33. 通常の年度初めの家庭訪問 | 1 － 2 － 3 － 4 　 5 |
| 34. 問題行動があった等の臨時の家庭訪問 | 1 － 2 － 3 － 4 　 5 |
| 35. 生徒会や委員会を担当すること | 1 － 2 － 3 － 4 　 5 |
| 36. 勤務時間外に生徒会・委員会の運営や監督を行うこと | 1 － 2 － 3 － 4 　 5 |
| 37. 親ができないような躾に学校が対応すること | 1 － 2 － 3 － 4 　 5 |
| 38. 学校が忙しいときに参加させられる研修 | 1 － 2 － 3 － 4 　 5 |
| 39. 行政研修への参加 | 1 － 2 － 3 － 4 　 5 |
| 40. あまり必要性を感じない研修への参加 | 1 － 2 － 3 － 4 　 5 |
| 41. 教科外・専門外の指導や対応を行うこと | 1 － 2 － 3 － 4 　 5 |
| 42. ノートを取る・忘れ物をしないなど中学以前の<br>　　学習態度の保障 | 1 － 2 － 3 － 4 　 5 |

◎以下にあげる職務は現職の先生方に「教師の役割や職務として必要なんだが，なかなか遂行が難しい」といわれる職務です。先生はどのようにお感じですか。以下の回答番号でもっとも当てはまるものをご記述ください。
1．教師の職務としては必要性を感じない
2．教師の職務としてはあまり必要性を感じない
3．教師の職務としてそれなりに必要性を感じる
4．教師の職務としてとても必要性を感じている

1．進路や学習に関する面談　　　　　　　　　　　　　1－2－3－4

2．生徒への学習以外の悩みなどの面談　　　　　　　　1－2－3－4

3．ボランティア等で地域に参加する意識作り　　　　　1－2－3－4

4．学力水準にあわせた補習・学習プログラム　　　　　1－2－3－4

5．様々な学習水準の生徒にあった授業の工夫　　　　　1－2－3－4

6．生徒の最低限度のマナーや社会性の保障　　　　　　1－2－3－4

7．教科指導上の教師間情報交換　　　　　　　　　　　1－2－3－4

8．時間毎の指導案作り　　　　　　　　　　　　　　　1－2－3－4

9．地域との密接な連絡　　　　　　　　　　　　　　　1－2－3－4

10．地域との密接な連携　　　　　　　　　　　　　　　1－2－3－4

11．部活動等を通しての地域との関わり　　　　　　　　1－2－3－4

12．人の気持ちや痛みがわかるように心の力を育成すること　1－2－3－4

13．生徒の進路を保障すること　　　　　　　　　　　　1－2－3－4

14．生徒会運営などを通して生徒が主体的に学校に関わっていく雰囲気作り　1－2－3－4

15．修学旅行・宿泊研修・遠足等校外活動の企画実施　　1－2－3－4

16．集団の中で適切に自分を主張できる力の育成　　　　1－2－3－4

17．日常での生徒個人個人とのコミュニケーション　　　1－2－3－4

18．定期的に機会を設けて生徒とコミュニケーションを図ること　1－2－3－4

| | | |
|---|---|---|
| 19. | 自らのコミュニケーション能力や技術を育成すること | 1－2－3－4 |
| 20. | 目立たない・問題を起こさない生徒とのコミュニケーション | 1－2－3－4 |
| 21. | 連絡帳やゲームなどを通した間接的コミュニケーション | 1－2－3－4 |
| 22. | 教師の間接的なコミュニケーション能力の向上・研修参加 | 1－2－3－4 |
| 23. | 様々な学習水準に対応しうる研修参加や能力の向上 | 1－2－3－4 |
| 24. | 生徒が無気力にならないよう積極性を育てる機会を作ること | 1－2－3－4 |
| 25. | 一人一人が到達している学習内容のチェック | 1－2－3－4 |
| 26. | 生徒を支えるための保護者との話し合い・連携の強化 | 1－2－3－4 |
| 27. | 過保護にならないなど適切な過程の教育力向上の支援・雰囲気作り | 1－2－3－4 |
| 28. | 地域の教育力向上や意識作り | 1－2－3－4 |

◎本調査をされた上での感想や意見，日常の職務についてお感じになっていることなど，どんなことでも結構ですのでご意見をお聞かせください。

（ご協力ありがとうございました）

## 中学校教師の職務ストレッサー調査（附録2）

### 教師の職務ストレス調査にご協力ください

　このアンケートは日常，先生方が担っておられる職務の中でどのようなものがストレスや不健康の原因となっており，それぞれの間にはどのような関係が存在するのかを探ることを目的としています。

　頂きました回答は統計学上の処理をコンピューターで行い，その後アンケート用紙は責任を持って処分をいたしますので，先生個人の意見や情報が研究目的以外に利用されることは無い旨，お約束いたします。

　このアンケートに関するご意見・ご感想，お問い合わせやお叱りは最後のページの自由記述欄にご記述いただくか，以下の連絡先までご連絡いただければ幸いです。

　分析後は学校単位で報告書を作成し報告させていただきます。

　　　　岡山大学教育学部助教授　　　北神正行
　　　　同大学院生　　　　　　　　　高木亮　　（連絡先）

1．以下に並べた項目は現職の先生方から「教師の職務かどうかわからなくなることがある」職務のなかで負担が比較的大きいといわれているものです。先生はそのような項目にどの程度負担をお感じになっておられますでしょうか？以下に1～4の番号に○をしていただく形で教えてください。
　　1．負担を感じない。
　　2．あまり負担を感じない。
　　3．少し負担を感じる。
　　4．とても負担を感じる。

1．連絡網などではなく保護者から苦情や相談で夜にかけてこられる電話への対応　　　　　　　　　　　　　　　　　　　　　1－2－3－4

2．家庭での生徒の生活指導を保護者に要請する行動や活動　　　1－2－3－4

3．地域での生徒の生活指導を地域の機関や人物に要請する行動や活動　　　　　　　　　　　　　　　　　　　　　　　　　　　1－2－3－4

4．生徒が起こした万引きや恐喝などの犯罪を地域や警察で対応すること　　　　　　　　　　　　　　　　　　　　　　　　　1－2－3－4

5．長期休日などでの生徒の生活指導　　　　　　　　　　　　　1－2－3－4

6．生徒と保護者の希望が違う場合の進路指導や生徒本人の意欲が感じられないなどの「苦労する」進路指導　　　　　　　　　　　1－2－3－4

7．予算配分や報告書作成などの様々な事務作業　　　　　　　　1－2－3－4

8．勤務時間外の地区懇談会やPTAの集まりへの参加　　　　　　1－2－3－4

| | |
|---|---|
| 9. 部活動の顧問を受け持つこと | 1 － 2 － 3 － 4 |
| 10. 宿泊を伴うような部活動の遠征・合宿などの引率を行うこと | 1 － 2 － 3 － 4 |
| 11. 専門外の部活動を顧問として受け持つこと | 1 － 2 － 3 － 4 |
| 12. 長期の休日・お祭り・土曜市・花火大会などの地域巡回を通しての生徒指導 | 1 － 2 － 3 － 4 |
| 13. 授業中に教室に入れない（非行や不登校）生徒などへの対応 | 1 － 2 － 3 － 4 |
| 14. 授業妨害をする生徒などへの対応 | 1 － 2 － 3 － 4 |
| 15. 不登校・非行などの生徒の卒業認定や進路保障の努力を行うこと | 1 － 2 － 3 － 4 |
| 16. 勤務時間外の補習や学力保障 | 1 － 2 － 3 － 4 |
| 17. 勤務時間外の生徒指導 | 1 － 2 － 3 － 4 |
| 18. 生徒の指導において教科外や専門外の役割を担うこと | 1 － 2 － 3 － 4 |
| 19. いわゆる躾を学校や教師が受け持つなど本来は家庭で指導すべき基本的な生活習慣や生活面などに関する指導 | 1 － 2 － 3 － 4 |
| 20. 学校側としては一方的または感情的と感じるような地域からの苦情への対応 | 1 － 2 － 3 － 4 |
| 21. 学校側としては一方的または感情的と感じるような生徒の保護者からの苦情への対応 | 1 － 2 － 3 － 4 |
| 22. 問題行動や不登校などの特殊な状況で行う保護者との調整 | 1 － 2 － 3 － 4 |
| 23. 学校側としては一方的または無茶と感じるような教育委員会からの指導や指示 | 1 － 2 － 3 － 4 |
| 24. 校内研修や行政上の指定校となることで生じる様々な仕事 | 1 － 2 － 3 － 4 |
| 25. いわゆる研修への参加 | 1 － 2 － 3 － 4 |
| 26. 学校行事・校務分掌などが忙しい時に参加する研修 | 1 － 2 － 3 － 4 |
| 27. あまり必要性を感じないのに参加が義務づけられている研修に参加すること | 1 － 2 － 3 － 4 |
| 28. 校外で行われる会議などへの参加 | 1 － 2 － 3 － 4 |

2．以下に並べた項目は現職の先生方から「教師の職務としてとても必要な」職務と感じられるものですが，なかなか充分な遂行がおこないきれない，といわれているものです。先生はそのような項目にどの程度「遂行できている」とお感じになっておられますでしょうか？以下に1〜4の番号に○をしていただく形で教えてください。

1．充分遂行できている。
2．ある程度遂行できている。
3．あまり遂行できていない。
4．遂行できていない。

1．主に学習に関して行う生徒との相談やコミュニケーションの時間　　1－2－3－4

2．学習面以外に生徒の悩みなどについての生徒との相談　　1－2－3－4

3．生徒の学力水準に応じた学習内容・授業実施の工夫・補習
　　などの実施　　1－2－3－4

4．学習や教科面で同僚との連絡連携を強めること　　1－2－3－4

5．生徒指導など学習面以外で同僚との連絡連携を強めること　　1－2－3－4

6．地域と連絡・連携して生徒を支えていく体制づくり　　1－2－3－4

7．何らかの行事などをとおして地域とのかかわりを学校や教師が
　　作ること　　1－2－3－4

8．部活動などを通して生徒の教育効果を高めること　　1－2－3－4

9．修学旅行や宿泊研修，遠足など学校外での活動の企画・運営などの
　　充実　　1－2－3－4

10．日常で極力多くの生徒個人個人とのコミュニケーションを
　　図ること　　1－2－3－4

11．日常での生徒とのコミュニケーションを充実させること　　1－2－3－4

12．「目立たない」「問題を起こさない」といったとくにふれる機会
　　の少ない生徒とのコミュニケーションを図ること　　1－2－3－4

13．自らのコミュニケーションの能力や技術を高めること　　1－2－3－4

14．様々な学習水準の生徒への対応を可能にするため自主的に研修に
　　取り組むこと　　1－2－3－4

15．こまめに生徒一人ひとりの学習到達度をチェックすること　　1－2－3－4

16. 適切な家庭教育を促していくような働きかけを保護者や家庭に
    おこなうこと                                              1－2－3－4

17. 学級活動などに保護者の参加を促し，お互いに理解連携できる
    体制を作ること                                            1－2－3－4

18. 地域と学校の関係や交流の場を設けて，お互いに理解連携できる
    体制をつくること                                          1－2－3－4


◎アンケートの感想や職務の負担や遂行困難などについて先生のお考えがあれば何でも結構ですの
  で教えてください。










                                                    (ご協力ありがとうございました)

## 教師の職業ストレッサー調査（附録3）

### 教師の職業ストレス源調査
―ご協力をお願いします―

　このアンケートは日常，先生方のストレスの原因にはどのようなものがあり，どのような問題や課題が存在するかを検討することを目的とします。
　データは数字上の処理を行い，その後アンケート用紙は焼却処分をいたしますので，先生個人の情報が他に流出することはありませんからご安心ください。
　このアンケートに関するご意見・ご感想・お叱り等は最後のページの自由記述欄にご記述いただくか，以下の連絡先までご連絡いただければ幸いです。
　　　　　　　岡山大学教育学部教授　　田中宏二
　　　　　　　同大学院生　　　　　　　高木亮　　（連絡先）

◎次のような仕事の際，先生が負担に感じられているかどうかをお尋ねします。
　　　1．負担を感じない　　　2．あまり負担を感じない
　　　3．少し負担を感じる　　4．とても負担を感じる
　　　1．～4．の中から一番当たる番号に○をしてください。

| | 感じない ←　　→ 感じる |
|---|---|
| ○授業妨害をする・教室にじっとしていられないという学習意欲がひどく欠ける児童生徒に授業などで対応すること，の負担が大きい | →　1．2．3．4． |
| ○不登校や問題の多い児童生徒，その保護者との関係の維持に努力すること，の負担が大きい | →　1．2．3．4． |
| ○しつけや常識，生活習慣など本来は家庭でなされるべきものを細かく指導すること，の負担が大きい | →　1．2．3．4． |
| ○児童生徒が学校外で起こした問題に対応すること，の負担が大きい | →　1．2．3．4． |
| ○学校や教師の側からすれば一方的と感じるような保護者や地域からの要求・苦情への対応の負担が大きい | →　1．2．3．4． |
| ○教育委員会などの行政上の都合に何かと細かく対応すること，の負担が大きい | →　1．2．3．4． |
| ○必要性を感じにくい研修や研究指定を受けるなどで忙しさが増すことで負担が大きい | →　1．2．3．4． |
| ○地域巡回や通学区の交通指導に時間をとられることの負担が大きい | →　1．2．3．4． |

○例えば予算会計など様々な事務作業や自らの専門外の仕事など細かな役割に応じること，の負担が大きい　　→　1．2．3．4．

◎次のような仕事の際，先生がどの程度困難を感じておられるかをお尋ねします。
　　　　1．充分遂行できている　　　2．ある程度遂行できている
　　　　3．少し困難である　　　　　4．とても困難である
　　　1．～4．の中から一番当たる番号に○をしてください。

困難　←　　　　　　　→　遂行

○児童生徒の学習指導でコミュニケーションや細かな指導を充実させること，が困難である　　→　1．2．3．4．

○学習以外の日常的なコミュニケーションを充実させること，が困難である　　→　1．2．3．4．

○児童生徒が下の学校から進学してきたり，学年があがったり上の学校に進学する際に必要な指導を適切に行うこと，が困難である　　→　1．2．3．4．

○学校現場の様々な期待や課題に対応できるように，自主的に研修や能力向上の機会に取り組むこと，が困難である　　→　1．2．3．4．

○学級経営や児童会・生徒会などを通して児童生徒にとってまとまりのある集団作りを行うこと，が困難である　　→　1．2．3．4．

○家庭や地域と接する機会をもうけて，協力しあえるような関係や環境作りを行うこと，が困難である　　→　1．2．3．4．

○児童生徒の最低限の学習レベルを確保すること，が困難である　　→　1．2．3．4．

以下の設問は　　1．全くそう思わない　　2．あまりそう思わない
　　　　　　　　3．少しそう思う　　　　4．とてもそう思う
　　　1．～4．の中から一番当たる番号に○をしてください。

◎先生の学校での役割をお尋ねします。

思わない　←　　　　　　　→　思う

○自分の能力以上の仕事をすることが求められていると感じることが多い　　→　1．2．3．4．

○職務を果たす上で適切な援助がない場合が多い　　→　1．2．3．4．

○児童生徒や保護者，他の教師などとの間で矛盾した要求をうけることが多い　　→　1．2．3．4．

○学校や学年の教育方針について自らの信念や考えとの矛盾を受けることが多い　　→　1．　2．　3．　4．

○児童生徒から過剰に期待や要求を受けることが多い　　→　1．　2．　3．　4．

○保護者から過剰に期待を受けることが多い　　→　1．　2．　3．　4．

○同僚から過剰に期待や要求を受けることが多い　　→　1．　2．　3．　4．

○上司から（校長・教頭・主任・主事の先生）から過剰に期待や要求を受けることが多い　　→　1．　2．　3．　4．

○児童生徒の立場を優先させるべきか，教師や学校の立場を優先させるべきか，迷うことが多い　　→　1．　2．　3．　4．

○自分の苦手な役割を求められることが多い　　→　1．　2．　3．　4．

○充分な設備や情報なしで仕事をこなさなければならないことが多い　　→　1．　2．　3．　4．

◎先生の職場（学校）の雰囲気についてお尋ねします。

思わない ◄―――► 思う

○自分の学校や学年では目標や方針といった「今やるべきこと」がはっきりしている　　→　1．　2．　3．　4．

○自分の学校や学年では，計画したことが能率よくこなしやすく働きやすい　　→　1．　2．　3．　4．

○自分のやっていることが，どういったことに役立っているのかはっきりしている　　→　1．　2．　3．　4．

○他の先生と仕事上の調整や分担がうまくいっている　　→　1．　2．　3．　4．

○自分の仕事や役割・校務分掌の処理をするのに充分な人手がある　　→　1．　2．　3．　4．

○職場では，色々な意見が出て納得のいく決定がなされている　　→　1．　2．　3．　4．

◎先生の職場（学校）での人間関係についてお尋ねします。

思わない ◄―――► 思う

○基本的に自分と上司（校長・教頭・主任，主事の先生）とは，良い関係にある　　→　1．　2．　3．　4．

○基本的に自分と同僚とは，良い関係にある　　　　　→　1．2．3．4．

○同僚や上司と対立することが多い　　　　　　　　→　1．2．3．4．

○同僚や上司が無責任な行動をすることが多い　　　→　1．2．3．4．

○同僚や上司に誤解を受けることが多い　　　　　　→　1．2．3．4．

○同僚や上司から責められることが多い　　　　　　→　1．2．3．4．

○同僚が自分のことをどう思っているのか気になることが多い　→　1．2．3．4．

○同僚に対して劣等感を抱くことが多い　　　　　　→　1．2．3．4．

○同僚とうまくコミュニケーションをとれないことが多い　→　1．2．3．4．

○周りと比べて自分の能力不足を感じることが多い　→　1．2．3．4．

○同僚の不満や愚痴を聞いたり，慰めたりしなければならないことが多い　→　1．2．3．4．

○職場の中で上下関係についてとても気にしなければならないことが多い　→　1．2．3．4．

○同僚から自分の仕事について干渉されることが多い　→　1．2．3．4．


◎先生個人のことについてお尋ねします。

|  | 思わない ←→ 思う |
|---|---|
| ○家では自分の子どもの面倒をみるのに時間をとられる（お子様がいない方は1を選択してください。） | → 1．2．3．4． |
| ○家庭では家事に時間をとられる | → 1．2．3．4． |
| ○家庭では家族の看病や介護に時間をとられる | → 1．2．3．4． |
| ○最近，自分の健康が気になっている | → 1．2．3．4． |
| ○家族や家庭のことについて最近気になることや忙しいことが多い | → 1．2．3．4． |

◎先生のお気持ちについてお尋ねします。

以下の設問は　　1．全くない　　　　　2．あまりない
　　　　　　　　3．たまにある　　　　4．よくある

|  | ない ⟵⟶ ある |
|---|---|
| ○「こんな仕事，もう辞めたい」と感じることがある | → 1． 2． 3． 4． |
| ○我を忘れるほど仕事に熱中することがある | → 1． 2． 3． 4． |
| ○こまごまと気配りをすることが面倒に感じることが多い | → 1． 2． 3． 4． |
| ○「この仕事は私の性分に合っている」と思うことがある | → 1． 2． 3． 4． |
| ○同僚や児童生徒の顔を見るのも嫌になることがある | → 1． 2． 3． 4． |
| ○自分の仕事がつまらなく思えて仕方がないことがある | → 1． 2． 3． 4． |
| ○一日の仕事が終わると「やっと終わった」と感じることがある | → 1． 2． 3． 4． |
| ○出勤前，職場に出るのが嫌になって家に居たいと思うことがある | → 1． 2． 3． 4． |
| ○仕事を終えて，「今日は気持ちの良い日だった」と思うことがある | → 1． 2． 3． 4． |
| ○仕事の結果はどうでもいい，と思うことがよくある | → 1． 2． 3． 4． |
| ○仕事のために「心にゆとりがなくなった」と感じることがある | → 1． 2． 3． 4． |
| ○今の仕事に心から喜びを感じることがある | → 1． 2． 3． 4． |
| ○今の仕事は「私にとってあまり意味のないこと」と感じることがある | → 1． 2． 3． 4． |
| ○身体も心も疲れ果てた，と思うことがある | → 1． 2． 3． 4． |
| ○我ながら仕事をうまくこなしている，と思うことがある | → 1． 2． 3． 4． |
| ○同僚や児童生徒と何もはなしたくなくなることがある。 | → 1． 2． 3． 4． |
| ○仕事が楽しくて知らないうちに時間が過ぎてしまうことがある。 | → 1． 2． 3． 4． |

◎先生ご自身についてお尋ねします。

あてはまるものに○を，【　　】に内容をご記述ください。

1．先生のお仕事を教えてください
　　（1）学年主任　　　（2）学年主任以外の主任・主事　　（3）教諭・講師（担任なし）
　　（4）教諭・講師（担任あり）　　（5）養護教諭　　（6）非常勤講師
　　（7）そのほか【　　　　　　　　】

2．先生の校務分掌を教えてください
　　【　　　　　　　　　　　　　　　　　　　　　　　　　　　　　　　　　　　　　】

3．先生の性別を教えてください。
　　　（1）男性教師　　　　　　（2）女性教師

4．先生の年齢について教えてください。
　　　（1）20代　　　（2）30代　　　（3）40代　　　（4）50代

5．現任校に勤務されてどれくらいですか。
　　　（1）1年目　　　（2）2～3年目　　　（3）4年以上

6．先生の学校を教えてください。
　　　（1）小学校　　　（2）中学校　　　（3）高校


◎ご意見ご感想などを教えてください。

（ご協力ありがとうございました）

*160　附　録*

## 職務葛藤・キャリア適応力・ストレス反応過程調査（附録4）

### 教師の職業ストレス予防と
### 職業上の成長確保のあり方に関する調査
### ―ご協力をお願いいたします―

> このアンケートは先生方の日常のストレスの解決と，職業上の成長を可能にする上での課題はどういったものがあるのかを探ることを目的としています。回答は統計的に処理し，研究論文として学校改善に役立てていきたいと考えています。そのため，頂いた回答内容や情報がそのほかの目的に流出しないことをお約束いたします。お手数ですが情報管理に万全をきたすため回答後，所定の封筒にアンケートを密閉して頂ければと存じます。
> 　調査の感想やご意見，お叱りは調査末尾の自由記述欄にご回答ください。また，本研究の結果の内容等に興味を持って頂いた場合は，折り返し結果や対策などの研究進展状況を報告させていただきますので連絡先等を教えてください。
>
> 　　　　　　　　　　　　　　調査責任者：高木亮　（連合大学院・岡山大博士課程院生）
> 　　　　　　　　　　　　　　調査監督者：田中宏二（岡山大学教育学部教授）
> 　　　　　　　　　　　　　　調査監督者：北神正行（岡山大学教育学部教授）
>
> 　　　　　調査責任者連絡先
> 　　　　　　　　住所：
> 　　　　　　　電話番号：
> 　　　　　　Eメールアドレス：

1．下記の質問項目は現職の先生方や公文書で指摘されることが多い「求められる教師像」での役割を取り上げたものです。こういった役割が（ア）先生個人に適した役割か，（イ）日常求められているものか，についてお尋ねします。

（1）「児童生徒をひきつけたり，効率的な学習になるような授業の工
　　夫や展開を考えること」について　　　　　　　　　　　　　　　全くそう　　　　とてもそ
　　　　　　　　　　　　　　　　　　　　　　　　　　　　　　　　ではない　　　　うである
　　（ア）こういった仕事の内容は自分にあった役割だと思う　　　　　1－2－3－4
　　（イ）こういった仕事の内容が自分に求められていると思う　　　　1－2－3－4

（2）「担任する，または関わりのあるクラスの児童生徒をうまくまと
　　めていくこと」について
　　（ア）こういった仕事の内容は自分にあった役割だと思う　　　　　1－2－3－4
　　（イ）こういった仕事の内容が自分に求められていると思う　　　　1－2－3－4

（3）「児童生徒が集団行動をしっかりとできるような指導をしてい
　　くこと」について
　　（ア）こういった仕事の内容は自分にあった役割だと思う　　　　　1－2－3－4
　　（イ）こういった仕事の内容が自分に求められていると思う　　　　1－2－3－4

(4)「地道な教材研究や授業の準備，学級の環境整備を行うこと」について　　全くそう　　　　とてもそ
　　　　　　　　　　　　　　　　　　　　　　　　　　　　　　　　　　　　ではない　　　　うである
　　（ア）こういった仕事の内容は自分にあった役割だと思う　　　　　　　　1－2－3－4
　　（イ）こういった仕事の内容が自分に求められていると思う　　　　　　　1－2－3－4

(5)「特殊教育的な視点や指導・対処をしていくこと」について
　　（ア）こういった仕事の内容は自分にあった役割だと思う　　　　　　　　1－2－3－4
　　（イ）こういった仕事の内容が自分に求められていると思う　　　　　　　1－2－3－4

(6)「児童生徒のいじめや暴力といった反社会的な行動を予防・解決していくための指導を行うこと」について
　　（ア）こういった仕事の内容は自分にあった役割だと思う　　　　　　　　1－2－3－4
　　（イ）こういった仕事の内容が自分に求められていると思う　　　　　　　1－2－3－4

(7)「進路指導や進学に関わる指導などを効果的に行っていくこと」について
　　（ア）こういった仕事の内容は自分にあった役割だと思う　　　　　　　　1－2－3－4
　　（イ）こういった仕事の内容が自分に求められていると思う　　　　　　　1－2－3－4

(8)「不登校や引きこもり，過度の大人しさなどの非社会的行動の問題を予防・解決をしていくこと」について
　　（ア）こういった仕事の内容は自分にあった役割だと思う　　　　　　　　1－2－3－4
　　（イ）こういった仕事の内容が自分に求められていると思う　　　　　　　1－2－3－4

(9)「学習不振の対処や個別の学習指導などの効果的な指導を行うこと」について
　　（ア）こういった仕事の内容は自分にあった役割だと思う　　　　　　　　1－2－3－4
　　（イ）こういった仕事の内容が自分に求められていると思う　　　　　　　1－2－3－4

(10)「コミュニケーションや相談を聞くなどで児童生徒の積極的な理解をはかること」について
　　（ア）こういった仕事の内容は自分にあった役割だと思う　　　　　　　　1－2－3－4
　　（イ）こういった仕事の内容が自分に求められていると思う　　　　　　　1－2－3－4

(11)「児童生徒や保護者との関係の中で意見の調整や説得を行うこと」について
　　（ア）こういった仕事の内容は自分にあった役割だと思う　　　　　　　　1－2－3－4
　　（イ）こういった仕事の内容が自分に求められていると思う　　　　　　　1－2－3－4

(12)「研究指定や研修の幹事，その発表や報告書の作成などにおいて積極的な役割を担うこと」について
　　（ア）こういった仕事の内容は自分にあった役割だと思う　　　　　　　　1－2－3－4
　　（イ）こういった仕事の内容が自分に求められていると思う　　　　　　　1－2－3－4

(13)「教育課程や特別活動における計画や，工夫に関して積極的な提案役や調整役となること」について　　　　　　　　　　　全くそう　　　とてもそではない　　うである
　　（ア）こういった仕事の内容は自分にあった役割だと思う　　1－2－3－4
　　（イ）こういった仕事の内容が自分に求められていると思う　1－2－3－4

(14)「同僚職員間の人間関係の調整やその中でムードメーカーとして協調性を発揮すること」について
　　（ア）こういった仕事の内容は自分にあった役割だと思う　　1－2－3－4
　　（イ）こういった仕事の内容が自分に求められていると思う　1－2－3－4

(15)「パソコンなどで，成績や学籍簿の処理・工夫を校内で積極的・中心的に行うこと」について
　　（ア）こういった仕事の内容は自分にあった役割だと思う　　1－2－3－4
　　（イ）こういった仕事の内容が自分に求められていると思う　1－2－3－4

(16)「学校の行事・諸活動において児童の安全確保や指導上効率の良い計画をたてること」について
　　（ア）こういった仕事の内容は自分にあった役割だと思う　　1－2－3－4
　　（イ）こういった仕事の内容が自分に求められていると思う　1－2－3－4

(17)「職員会議や学年会，校務分掌などでの部会における取り決めの際に積極的な提案役や調整役となること」について
　　（ア）こういった仕事の内容は自分にあった役割だと思う　　1－2－3－4
　　（イ）こういった仕事の内容が自分に求められていると思う　1－2－3－4

(18)「教育委員会や児童相談所といった学校外の関係機関と協力が必要な活動において，とりまとめ役や調整役となること」について
　　（ア）こういった仕事の内容は自分にあった役割だと思う　　1－2－3－4
　　（イ）こういった仕事の内容が自分に求められていると思う　1－2－3－4

(19)「PTA，地域などとの関わりや調整の中で，とりまとめ役や調整役として能力を発揮すること」について
　　（ア）こういった仕事の内容は自分にあった役割だと思う　　1－2－3－4
　　（イ）こういった仕事の内容が自分に求められていると思う　1－2－3－4

(20)「必要が生じた予算や物品，時間の確保やそれを手に入れるための調整や交渉を行うこと」について
　　（ア）こういった仕事の内容は自分にあった役割だと思う　　1－2－3－4
　　（イ）こういった仕事の内容が自分に求められていると思う　1－2－3－4

(21)「同僚教師の職務遂行の援助やアドバイスを行うこと」について
　　（ア）こういった仕事の内容は自分にあった役割だと思う　　1－2－3－4
　　（イ）こういった仕事の内容が自分に求められていると思う　1－2－3－4

(22)「児童生徒とのレクレーション（中学校では部活も含む）などに
　　積極的に取り組むこと」について
　　　　　　　　　　　　　　　　　　　　　　　　　　全くそう　　　　とてもそ
　　　　　　　　　　　　　　　　　　　　　　　　　　ではない　　　　うである
　　（ア）こういった仕事の内容は自分にあった役割だと思う　　1－2－3－4
　　（イ）こういった仕事の内容が自分に求められていると思う　1－2－3－4

2．先生の今後の職業上の成長への見通しや自分への「投資」の程度についておたずねします。

　　　　　　　　　　　　　　　　　　　　　　　　　　全くそう　　　　とてもそ
　　　　　　　　　　　　　　　　　　　　　　　　　　ではない　　　　うである
（1）本を読んだり様々なことを見聞するなど仕事に必要な情報を今，
　　現在積極的に集めるよう心がけている。　　　　　　　1－2－3－4

（2）「自分は何のために働いているのか」よく考える。　　1－2－3－4

（3）これから教師としてどう成長していくのか，将来の自分の姿に
　　ついて考えることが多い。　　　　　　　　　　　　　1－2－3－4

（4）これから教師をしていく上で自分の成長に必要な力や勉強をす
　　ることがあると思う。　　　　　　　　　　　　　　　1－2－3－4

（5）自分の職業生活を後悔しないように今現在自分の考えや信念に
　　そって行動している。　　　　　　　　　　　　　　　1－2－3－4

（6）こらから教師をしていく上で「どうなりたいのか」,「どうし
　　たいのか」といった仕事上の希望がある。　　　　　　1－2－3－4

（7）今現在の自分の職業生活が充実しにくいのは，自分ではどうし
　　ようもないことが多すぎるからだと思う。　　　　　　1－2－3－4

（8）教師を続けていく上で，自分にどのような能力が必要なのか分
　　かっているけれども，今現在具体的な努力に移ることはできな
　　い。　　　　　　　　　　　　　　　　　　　　　　　1－2－3－4

（9）自分が今なりたい様な教師になっていくには自分の自主性や，
　　これからの努力しだいだと思う。　　　　　　　　　　1－2－3－4

（10）自分に必要な能力や，仕事を充実させていく上での計画・見通
　　しを持っている。　　　　　　　　　　　　　　　　　1－2－3－4

3．最近の先生の心身のご健康についておたずねします。
　　　　　　　　　　　　　　　　　　　　　　　　　　全くそう　　　　とてもそ
　　　　　　　　　　　　　　　　　　　　　　　　　　ではない　　　　うである
（1）いつも身体が疲れている　　　　　　　　　　　　　1－2－3－4

（2）いつも憂鬱な気分である　　　　　　　　　　　　　1－2－3－4

|  | 全くそうではない ←→ とてもそうである |
|---|---|
| （3）いい一日を過ごせたと思うことが多い | 1 − 2 − 3 − 4 |
| （4）いつも精神的に疲れている | 1 − 2 − 3 − 4 |
| （5）いつも神経がすり減った感じがする | 1 − 2 − 3 − 4 |
| （6）幸福感をもって一日を過ごせることが多い | 1 − 2 − 3 − 4 |
| （7）抜け殻になったような気分になることが多い | 1 − 2 − 3 − 4 |
| （8）気分的に常におもしろくない | 1 − 2 − 3 − 4 |
| （9）精根尽きた気持ちになることが多い | 1 − 2 − 3 − 4 |
| （10）「こんなはずじゃなかった」という気持ちになることが多い | 1 − 2 − 3 − 4 |
| （11）「自分は駄目な人間だ」と思うことが多い | 1 − 2 − 3 − 4 |
| （12）うんざりした気分になることが多い | 1 − 2 − 3 − 4 |
| （13）いつも何か悩んでいる | 1 − 2 − 3 − 4 |
| （14）人間嫌いになって何かと腹を立ててしまうことが多い | 1 − 2 − 3 − 4 |
| （15）無力感を感じることが多い | 1 − 2 − 3 − 4 |
| （16）絶望感を感じる | 1 − 2 − 3 − 4 |
| （17）人との関係でうまく相手にされていない感じがすることが多い | 1 − 2 − 3 − 4 |
| （18）楽観的な気分でいられることが多い | 1 − 2 − 3 − 4 |
| （19）いつも元気いっぱいである | 1 − 2 − 3 − 4 |
| （20）何かと心配しがちである | 1 − 2 − 3 − 4 |
| （21）「生活が荒れてるなぁ」と感じることが多い | 1 − 2 − 3 − 4 |
| （22）仕事の能率があがらない | 1 − 2 − 3 − 4 |
| （23）気分の切り替えがうまくいかない | 1 − 2 − 3 − 4 |

　　　　　　　　　　　　　　　　　　　　　　　全くそう　　　　とてもそ
　　　　　　　　　　　　　　　　　　　　　　　ではない　←→　うである

（24）ミスが多くなっている　　　　　　　　　　　　1 － 2 － 3 － 4

（25）ものごとに集中できない　　　　　　　　　　　1 － 2 － 3 － 4

（26）根気よくものごとに取り組めない　　　　　　　1 － 2 － 3 － 4

（27）気持ちよく笑うことが少なくなった　　　　　　1 － 2 － 3 － 4

（28）以前はなんとも無かったことでカッとすることが多い　1 － 2 － 3 － 4

（29）欲求不満で気晴らしや趣味，飲酒，喫煙にのめり込むと感じる　1 － 2 － 3 － 4


4．先生のことについてお尋ねします。

（1）先生の性別を教えてください。　　　　　　（　男　　　女　）

（2）先生の年代を次からお選びください。　　　（20代　30代　40代　50代）

（3）先生のお立場を次からお選びください。　　（教諭　常勤講師　非常勤講師）

（4）先生の職場での役割を教えてください。
　　　　　　　　　　　　　（担任あり　担任なし　学年主任　主任・主事　養護教諭）

（5）先生のお勤めの学校種別を教えてください。　（　小　　　中　　　高　）

（6）先生は現在の学校にどれほどお勤めですか。　（1年目　2～3年目　4年以上）


○最後に先生のお仕事上のストレスのこと，先生の職業上の成長のこと，調査の感想などお感じに
　なったことがあれば教えてください。




　　　　　　　　　　　　　　　　　　　　　　　　　（ご協力ありがとうございました）

## 人名索引

**A**
秋山健二郎　*14*
Altmaiter, E.　*83*
尼崎光洋　*115, 128*
Anderson, M. B. G.　*12*
安藤知子　*29*
青木栄一　*i, 112*
新井肇　*116*
Aronson, E.　*5, 90*

**B**
Bacharach, S. B.　*11*
Blanton, L. P.　*12*
Blases, J. J.　*10*
Burke, R. J.　*13*

**C**
Camp, C. C.　*85*
Chartrand, M.　*85*
Cherniss, C.　*ii, iv, 5, 8, 13, 26, 55-62, 67, 82, 114, 115, 116*
Cohen, S.　*57*
Cooper, C. J.　*ii, iv, 5, 8, 13, 21, 26, 29, 42, 55-62, 79, 82, 89, 113*
Cooper, C. L.　*9, 13, 19, 60, 62, 72, 79, 84, 94, 96, 99*
Cooper, R. D.　*ii, 7, 26, 55, 82, 89, 113*

**D**
Dawis, R. V.　*87*

Diamant, E.　*12*
Dworkin, A. G.　*11*

**E**
Eaker, L. H.　*ii, 7, 26, 55, 82, 89, 113*
江澤和雄　*112*

**F**
Farber, B.　*10*
Fimian, M. J.　*12*
Folkman, S.　*2, 21, 82*
Frednberger, H. J.　*4*
Frone, M. R.　*76*
淵上克義　*81, 84, 116*
藤田英典　*31, 39, 50, 52, 67*
藤原忠雄　*116, 128*
古市裕一　*116, 128*

**G**
Gordon, L. U.　*57*
Greenglass, R. D.　*13*
Grzwacz, J. G.　*76*

**H**
原口雅浩　*3*
針田愛子　*19*
長谷川裕　*17*
橋本剛　*21, 58, 62*
波多江俊介　*117, 120, 125*
畠田茂　*2*
秦政春　*17, 25, 58, 66*

畑中大路　*123*
Herr, E. L.　*85, 87, 88*
日比行一　*29*
平井安久　*i, 14, 21, 27, 30*
平井洋子　*79*
Holmes, T. H.　*1*
保坂亨　*114, 119*
Hofman, J. E.　*12*
Huberman, M.　*10*

**I**
伊上達郎　*14*
池田心豪　*116*
池本しおり　*81*
今津孝次郎　*108*
稲葉昭英　*83*
稲葉英明　*9, 60, 67, 74*
稲葉陽二　*122*
稲垣忠彦　*30, 35*
伊波和恵　*123*
稲岡文昭　*4, 15*
入江雅人　*84*
石堂豊　*14-16, 18-20, 69*
石隈利紀　*19, 20, 83, 88, 106, 116*
伊藤美奈子　*14-16, 18-22, 25, 57-59, 62, 84, 106*
岩永誠　*4, 5, 7*
Iwanicki, E. F.　*11, 12, 18, 24, 57, 86*
岩立京子　*24, 116*

## J

Jackson, S. E.　90

## K

加護野忠男　123
貝川直子　81
鎌田季好　14
金井篤子　22, 26
神林寿幸　i
金子章栄　19
川端裕　118
河上婦志子　20, 51, 59, 88, 95, 106
川上泰彦　120
河村茂雄　81
川野雅資　4, 15, 57, 90, 106
河野隆夫　29
Kessler, R. C.　57
煙山千尋　115, 128
木原俊行　124
木村充　116
木岡一明　14
北神正行　i, iii, 14, 21, 27, 28, 30, 95, 113
小泉令三　121
国分一太郎　14
國分康孝　2
紺野祐　124
紅林伸幸　100, 101, 108
Kremer, J.　12
久保真人　4, 15, 62, 63, 65, 72, 78, 82, 90
久冨善之　30, 35, 50, 122
Kyriacou, C.　9

## L

Lachman, R.　12
Lazarus, R. S.　2, 21, 82
Linderman, R. H.　87

## M

牧昌見　59, 62
Marken, S. M.　76
Marks, N. F.　76
Maslach, C.　13, 90
松本良夫　51, 59, 88, 95, 106
松岡洋一　81, 116, 128
松尾一絵　112, 115
松浦善満　18, 30, 43, 47, 50, 51
三浦香苗　112
望月厚志　112
望月宗明　14
森昭英　83
森上敏夫　iv
森恵輔　112
森本兼囊　ii, 4, 19, 72, 82
森下葉子　24
宗像恒次　2, 4, 15, 16, 20, 23, 51, 53, 57, 59, 62, 90, 106
宗定房子　81

## N

永井道雄　14
中釜洋子　81
中原淳　116
中島一憲　24, 115, 116, 119, 122
中島隆信　123
中野利子　14
中田敦子　81
中竹竜二　124
新名理恵　2
二宮賢治　123
二関隆美　29
西村昭徳　116
西坂小百合　19, 24, 83, 112, 116

塗師斌　83

## O

落合美貴子　112
岡直樹　28
岡東壽隆　15, 18, 19, 20, 25, 53, 57–59, 62, 82, 84, 86, 106
小野寺孝義　65

## P

Pamela, J. M.　11
Pettigrew, C.　10
Pines, A.　5, 13, 90

## R

Rahe, R. H.　1
Richolson, G.　4
Russel, D. W.　12, 83

## S

坂田成輝　4
坂田桐子　9
迫田裕子　81, 84, 116
佐古秀一　113
Sarros, A. M.　84
Sarros, J. C.　84
佐藤昭夫　ii, 1, 82
佐藤寛　121
佐藤博　122
沢崎俊之　81
Schwab, R. L.　11, 18, 57, 86
Selye, H.　1, 2
島崎博輔　83
清水安夫　112, 115, 128
園田雅代　81
砂川伸幸　123
Super, D. E.　87–89, 91
Sutcliffe, J.　9
諏訪英広　116

鈴木邦治　　15, 17, 19, 20,
　　25, 29, 53, 57-59, 62, 82,
　　84, 86, 106, 118
鈴木安名　　120

**T**
田上不二夫　　22
高木亮　　iv, 28, 117, 118,
　　120, 125
高石光一　　123
高橋徹　　4, 15
高旗正人　　i, 14, 21, 27,
　　30
高元伊智郎　　81
竹内倫和　　123
田村修一　　19, 20, 83, 88,
　　106, 116
田中堅一郎　　iv
田中宏二　　81, 84, 116
田中輝美　　22
谷口弘一　　116
丹藤進　　124
田尾雅夫　　4, 5, 15, 62, 63,
　　65, 72, 78, 82, 90
Thompson, A. S.　　87
朝長正徳　　ii, 82
外島裕　　iv, 7, 85
Travers, C. J.　　9, 13, 19,
　　60, 62, 79, 82, 84, 94, 96,
　　99
津田彰　　3
露口健司　　59, 60, 74, 117,
　　121, 123, 124, 128, 129
Tuch, S.　　10

**V**
Varrus, M.　　11
Velzen, D. V.　　83

**W**
若林昭雄　　83
渡辺三枝子　　85, 87, 88
Wolf, E.　　10

**Y**
矢倉久奏　　14
山本淳子　　22
山本嘉一郎　　65
山下祐介　　118
Yardley, J. K.　　76
矢冨直美　　2, 3, 87
油布佐和子　　27, 30
横山博司　　5, 6, 90
米山恵美子　　112, 115
吉村春美　　116
吉村典久　　123
吉野聡　　1, 6, 118

# 事項索引

## あ
イラショナルビリーフ　2

## か
学校のスリム化　113
緩衝効果　9
間接効果　9
キャリア適応力　86, 89, 91, 117
教師の職務　i
教師文化　35
個人的要因　56, 61, 67, 69

## さ
児童生徒とのパーソナルな関係　67
児童生徒らとのパーソナルな関わり　50
周辺的な職務　51
職業ストレッサー　26, 56
職場環境の要因　56, 62, 67, 69
職務葛藤　85, 88, 91
職務自体の要因　56, 61, 67, 69
職務ストレッサー　26
職務のスリム化　112
ストレス　1
──反応　1
ストレッサー　1
精神疾患を原因とする教師の病気休職者　i
ソーシャルキャピタル（社会関係資本）　121
ソーシャルサポート　19, 23, 81, 83, 116

## た
タイプA行動パターン　13, 16
中核的な職務　51
懲戒処分　i, iii
直接効果　8, 23
デイリーハッスルズ　1
逃避型コーピング　3

## は
ハーディネス　19
病気休暇　iii, 119
病気休職　iii, 119, 125
分限処分　iii

## ま
ミドルリーダー　114, 117, 123
モラール　14, 16, 18, 29
問題解決型コーピング　3

## や
役割葛藤　57
役割ストレッサー　55, 57
役割の曖昧さ　57
やりがいのない多忙化　18, 30, 42, 47, 51
ユーストレス　2

## ら
ライフイベント　1
リアリティショック　122

## わ
ワークライフバランス　20, 23, 116, 119, 127

著者紹介
高木　亮（たかぎ　りょう）
就実大学教育学部講師
2001年3月岡山大学大学院教育学研究科修了
2006年3月兵庫教育大学大学院連合学校教育学研究科
　　　　学校教育実践学専攻学校臨床連合講座,
　　　　岡山大学配属を修了
　　　　博士（学校教育学）

教師の職業ストレス

2015年2月20日　　初版第1刷発行　（定価はカヴァーに表示してあります）

著　者　高木　亮
発行者　中西健夫
発行所　株式会社ナカニシヤ出版
〒606-8161　京都市左京区一乗寺木ノ本町15番地
　　　　　　　　Telephone　075-723-0111
　　　　　　　　Facsimile　075-723-0095
　　　　Website　http://www.nakanishiya.co.jp/
　　　　Email　iihon-ippai@nakanishiya.co.jp
　　　　　　　　郵便振替　01030-0-13128

装幀＝白沢　正／印刷・製本＝西濃印刷株式会社
Printed in Japan.
Copyright © 2015 by R. Takagi
ISBN978-4-7795-0935-3